"十四五"普通高等教育本科部委级规划教材

服装国际贸易：理论与实务

刘健西　主　编

杨璐铭　张皋鹏　副主编

INTERNATIONAL TRADE IN APPAREL:
THEORY AND PRACTICE

中国纺织出版社有限公司

内 容 提 要

本书主要介绍了国际贸易的相关概念与术语、理论与政策、措施与规则，以及纺织品服装主要进出口国家/市场、服饰时尚买手、服饰陈列展示空间模式等内容。在国际贸易理论部分，结合服装产品、服装产业的特点引入相关案例；在国际贸易实务部分，既遵从国际贸易一般规律，又突出服装产业自身特点。

本书内容翔实，构架完整，逻辑体系清晰，适合高等院校服装与服饰类相关专业的师生使用，也可供服装产业从业人员阅读参考。

图书在版编目（CIP）数据

服装国际贸易：理论与实务 / 刘健西主编 ；杨璐铭，张皋鹏副主编. -- 北京 ：中国纺织出版社有限公司，2025. 3. --（"十四五"普通高等教育本科部委级规划教材）. -- ISBN 978-7-5229-2070-2

Ⅰ. F746.83

中国国家版本馆 CIP 数据核字第 202411878K 号

责任编辑：李春奕　　责任校对：寇晨晨　　责任印制：王艳丽

中国纺织出版社有限公司出版发行
地址：北京市朝阳区百子湾东里A407号楼　邮政编码：100124
销售电话：010—67004422　传真：010—87155801
http://www.c-textilep.com
中国纺织出版社天猫旗舰店
官方微博 http://weibo.com/2119887771
三河市宏盛印务有限公司印刷　各地新华书店经销
2025年3月第1版第1次印刷
开本：787×1092　1/16　印张：11.25
字数：230千字　定价：59.80元

凡购本书，如有缺页、倒页、脱页，由本社图书营销中心调换

前 言
PREFACE

　　无论是在理论还是实务方面，国际贸易的相关教材众多。我国是服装产品进出口大国，但结合服装产业，尤其是结合我国服装产业的贸易类教材却相对匮乏。本书是作者长期教学经验的凝练和总结，力求在国际贸易一般理论、惯例、规律的基础上突出服装产业的特点。

　　本书知识点涵盖国际货物贸易的基本做法，贯穿于各章节，理论与实务融会贯通。在逻辑顺序上，从交易条件的磋商（品质、数量、包装、运输、保险、价格、收付等主要交易条件），到订立合同、履行合同，涉及争议的预防、解决及多种国际贸易方式的灵活运用。同时，在进行国际货物贸易时，需要考虑和关注国际经济环境，包括各种贸易措施与规则。在此基础上，结合我国服装产业链构成、产业集群情况，分析我国服装贸易的基本情况和主要问题。

　　本书的出版得到了四川大学石碧院士的大力资助，在此表示衷心的感谢！在编写过程中，也得到了四川大学轻工科学与工程学院老师们的支持和帮助，曾琦老师参与了第九章的编写，在此表示感谢。在编写过程中参考了诸多相关教材和文献，一并向作者表示感谢！

刘健西

2024 年 9 月

教学内容及课时安排

章（课时）	课程性质（课时）	节	课程内容
第一章 （2课时）	背景介绍 （2课时）	●	**国际贸易概述**
		一	国际贸易相关概念
		二	国际贸易分类
		三	国际贸易方式
		四	国际贸易的特点及适用法律与惯例
第二章 （4课时）	理论知识 （8课时）	●	**国际贸易理论与政策**
		一	国际贸易理论
		二	国际贸易政策
第三章 （4课时）		●	**国际贸易措施与规则**
		一	关税措施
		二	非关税壁垒措施
		三	出口鼓励与出口管制措施
		四	世界贸易组织关于国际贸易的基本规则
第四章 （3课时）	产业知识 （14课时）	●	**服装产业及贸易概况**
		一	服装产业链现状及发展
		二	我国服装产业概况
		三	我国服装贸易现状及主要问题
第五章 （3课时）		●	**纺织服装主要出口国家与进口市场概况**
		一	纺织服装主要出口国家
		二	纺织服装主要进口市场
第六章 （8课时）		●	**时尚买手及品牌服饰贸易中的陈列展示空间模式**
		一	时尚买手
		二	品牌服饰贸易中的陈列展示空间模式
第七章 （4课时）	实务知识 （24课时）	●	**国际贸易术语**
		一	国际贸易术语的含义及作用
		二	有关贸易术语的国际贸易惯例
		三	适合水上运输方式的贸易术语

章（课时）	课程性质（课时）	节	课程内容
第七章 （4课时）		四	适合各种运输方式的贸易术语
		五	贸易术语的总结与选用
第八章 （2课时）		●	**品质、数量与包装条款**
		一	品质条款
		二	数量条款
		三	包装条款
第九章 （3课时）		●	**国际货物运输**
		一	国际货物运输方式
		二	装运条款
		三	运输单据
第十章 （4课时）	实务知识 （24课时）	●	**国际货物运输保险**
		一	海洋运输货物保险保障的范围
		二	我国海洋运输货物保险条款
		三	伦敦保险协会海洋运输货物保险条款
		四	投保海洋运输货物保险的注意事项
第十一章 （4课时）		●	**进出口商品的价格与国际货款收付**
		一	进出口商品的价格
		二	国际货款支付的主要票据
		三	国际货款支付的主要方式
第十二章 （3课时）		●	**国际货物买卖合同的订立与履行**
		一	国际货物买卖合同的订立
		二	出口合同的履行
		三	进口合同的履行
第十三章 （4课时）		●	**进出口商品检验与争议的预防、处理**
		一	进出口商品检验
		二	异议与索赔
		三	不可抗力
		四	仲裁

注 各院校可根据自身的教学计划对课程时数进行调整。

目 录

CONTENTS ▷▷

01

>> 国际贸易概述

本章主要介绍国际贸易的相关概念、类型和方式，并基于国际货物买卖的复杂性总结归纳国际贸易的特点。

第一节　国际贸易相关概念

一、国际贸易

国际贸易，又名世界贸易，指世界各国（地区）之间商品和服务的交换活动，是各国（地区）之间劳动分工的表现形式，反映了世界各国（地区）在经济上的相互依赖。

（一）国内贸易与国际贸易

国内贸易主要指在同一关税制度下，发生在国家（地区）地域范围之内的各种贸易活动、贸易关系的总和，以实物贸易为主体，同时也包含生产要素贸易、服务技术贸易、证券贸易等交换活动；国际贸易是指具有独立关税制度的国家（地区）之间的商品或服务的交换活动。

（二）对外贸易与国际贸易

对外贸易是一个国家（地区）与其他国家（地区）进行的商品和劳务的交换活动；国际贸易是从国际范围来看，世界各国（地区）之间进行的商品和劳务的交换活动，它既包括本国（地区）与他国（地区）之间的贸易活动，也包括其他国家（地区）之间的贸易活动。

（三）进出口贸易

狭义的进出口贸易一般指各国（地区）之间有形商品即货物的买卖活动，也称"国际货物买卖"。1986年发起的关贸总协定乌拉圭回合谈判根据当时国际经济往来的实际，扩展了进出口贸易的定义，广义的进出口贸易包括货物进出口、技术进出口及服务进出口。其中，货物进出口是国际贸易中最基本的部分，许多技术转让和服务贸易的业务操作方法都是从货物进出口贸易的基本做法中借鉴的；技术进出口是以许可贸易为主要形式的技术转让；服务进出口包括运输、通信、金融、保险、旅游、教育、建筑等。

二、贸易额

贸易额又称贸易值，是以货币表示的反映贸易规模的经济指标。在国际贸易中，各国（地区）出口额的总和是国际贸易额，世界上所有国家（地区）的进口额和出口额相加得到的总和是国际贸易总额。对外贸易额是从一个国家（地区）的视角来看，指一个国家（地区）的进出口额。

三、贸易差额

贸易差额是指一个国家（地区）在一定时期内出口贸易总额与进口贸易总额的差额。出口额大于进口额叫作"顺差"，也称"盈余"或"出超"；反之，则称"逆差"，也称"赤字"

或"入超"。

四、贸易条件

贸易条件是指一国（地区）在一定时期内的出口商品价格与进口商品价格之间的比率，又称为"进出口交换比价"或"贸易比价"，反映出一个单位的出口商品可以换回多少进口商品，用公式表示为：

$$TOT = P_x / P_m \times 100\%$$

式中，TOT 为贸易条件，P_x 和 P_m 分别为出口价格指数与进口价格指数。若 $TOT > 1$，则该国（地区）贸易条件好；若 $TOT = 1$，则该国（地区）贸易条件不变；若 $TOT < 1$，则该国（地区）贸易条件恶化。不同时期的贸易条件可以进行比较。一国（地区）的贸易条件受到进出口状况的影响，还会受到各种直接因素和间接因素的影响。

五、对外贸易依存度

对外贸易依存度也称外贸系数，是指一国（地区）在一定时期内的对外贸易总额（进口额与出口额之和）在该国国民生产总值中所占的比重。对外贸易依存度是衡量外贸在国民经济中所占比重的重要指标，反映一国（地区）对国际贸易的依赖程度，体现国民经济增长对进出口贸易的依附程度，用公式表示为：

$$Z = X + M / GNP \times 100\%$$

式中，Z 为对外贸易依存度，X 为出口总额，M 为进口总额，GNP 为国民生产总值。

六、对外贸易与国际贸易商品结构

对外贸易商品结构是指一定时期内一国（地区）进出口贸易中各种商品的构成，即各类商品的贸易额在整个进出口贸易额中所占的比重，其影响因素包括自然资源状况（资源禀赋）、国民经济情况、技术状况及对外经济政策。制成品所占的比例越大，在国际分工中越具有优势；因此，一国（地区）进出口贸易中各种商品结构应多样化。

国际贸易商品结构是指一定时期内各类商品在整个国际贸易中的构成，即各类商品的贸易额在国际贸易总额中所占的比重，反映整个世界的经济发展水平、产业结构状况和科技发展水平。

七、国际贸易的地理方向

国际贸易的地理方向是指国际贸易的地区分布和商品流向，即各国（地区）在国际贸易中所占的地位。一般用一国（地区）的对外贸易额在国际贸易总额中所占的比例来表示。

八、自由贸易与保护贸易

自由贸易又称贸易自由化，是指主张放松乃至取消国家（地区）间的贸易限制，以使商品和劳务在市场上自由流动的一种理论或政策。

保护贸易又称贸易保护主义，是指主张由国家（地区）采取措施来管理和干预进出口贸易的一种理论或政策。例如，2009年美国国会通过了"购买美国货"条款，实质是通过歧视性的政府采购实行贸易保护主义。

作为人类社会发展进步的一种趋势，自由贸易倾向会逐步取代保护贸易倾向。例如，从区域合作到世界贸易组织的发展。

第二节　国际贸易分类

国际贸易发展到今日，形式越来越多样化，从而其分类也较繁杂。本节从不同的角度归纳其主要分类。

一、按货物流向划分

国际贸易按货物流向可划分为出口贸易、进口贸易和过境贸易。其中，出口贸易是指一国（地区）将自己生产或加工的货物输往国际市场销售。进口贸易是指一国（地区）从国际市场购入用以生产或消费的货物。当某种货物从甲国经由乙国输往丙国销售时，这种贸易对乙国来说既不是进口，也不是出口，仅仅是货物过境而已，这就是过境贸易。

二、按交易内容划分

国际贸易按交易内容可划分为货物贸易、服务贸易和技术贸易。

对于货物贸易，《联合国国际贸易标准分类》中将货物分为10大类、63章、233组、786个分组、1924个基本项目，反映了商品的产业部门来源和加工程度。10大类中，0—4为初级产品，5—8为制成品，具体分类如下：0类为食品及主要供食用的活动物；1类为饮料及烟类；2类为燃料以外的非食用粗原料；3类为矿物燃料、润滑油及有关原料；4类为动植物油、脂及蜡；5类为未列明化学品及有关产品；6类为主要按原料分类的制成品；7类为机械及运输产品；8类为杂项制品；9类为没有分类的其他产品。

对于服务贸易，世界贸易组织《服务贸易总协定》将服务行业分为12个部门：商业、通信、建筑、销售、教育、环境、金融、卫生、旅游、娱乐、运输、其他。

技术贸易是指技术供应方通过签订技术合同，将技术有偿转让给接受方使用。

三、按货物形态划分

国际贸易按货物形态可划分为有形贸易和无形贸易。有形贸易是指买卖那些看得见、摸得着的物质性货物的活动，也称为货物贸易。无形贸易是指买卖那些不具有物质形态的货物活动，可分为服务贸易和技术贸易。有形贸易和无形贸易的主要区别在于：有形贸易在通过海关时必须申报，海关依据海关税则征税，并纳入海关统计；无形贸易在通关时不必申报，不纳入海关统计，但要显示在国际收支平衡表上。

四、按贸易有无第三国参与划分

国际贸易按贸易有无第三国参与可划分为直接贸易、间接贸易和转口贸易。其中，直接贸易是指商品生产国（地区）与商品消费国（地区）不通过第三国（地区）进行买卖商品的行为，表现为直接出口和直接进口。间接贸易是指商品生产国（地区）和消费国（地区）没有直接发生贸易关系，而是通过第三国（地区）买卖商品的行为。商品通过第三国（地区）销售到消费国（地区），对生产国（地区）来说是间接出口，对消费国（地区）来说是间接进口。转口贸易是间接贸易的主要表现形式。商品生产国（地区）与商品消费国（地区）通过第三国（地区）进行贸易［经由第三国（地区）贸易商分别签订进口合同和出口合同］，对于第三国（地区），这就是转口贸易（复出口）。

五、按统计标准划分

国际贸易按统计标准可划分为总贸易和专门贸易。总贸易又称一般贸易体系下统计的贸易，货物经过国境作为进出口的标准。约90个国家和地区采用这种方法，如中国、日本、英国、加拿大、澳大利亚等国。专门贸易又称特殊贸易体系下统计的贸易，以货物经过关境作为进出口的标准。法国、德国、意大利等采用此法。美国采用专门贸易和总贸易分别统计。

六、按经济发展水平划分

国际贸易按交易双方的经济发展水平可划分为水平贸易和垂直贸易。水平贸易是指经济发展水平比较接近的国家（地区）之间开展的贸易活动。垂直贸易是指经济发展水平不同的国家（地区）之间开展的贸易活动，如发达国家（地区）与发展中国家（地区）间工业制成品与初级产品的贸易。

七、按清偿工具划分

国际贸易按清偿工具可划分为自由结汇贸易和易货贸易。自由结汇贸易又称现汇贸易，以货币作为清偿工具。易货贸易以货物经过计价作为清偿工具，是两国（地区）间直接以货物交换货物的贸易。补偿贸易又称回购，是民间的易货贸易，指交易的一方在对方提供信用的基础上，进口设备技术，然后以该设备技术所生产的产品，分期抵付进口设备技术的价款及利息。补偿贸易分为全额补偿、部分补偿、超额补偿和劳务补偿（同来料加工或来件装配相结合）。

八、按贸易方式划分

国际贸易按贸易方式可划分为单边进口、单边出口，经销与代理、寄售与展卖、招标与投标、拍卖，期货交易，加工贸易与对销贸易等。

第三节　国际贸易方式

在国际贸易中，除了通常使用的逐笔售定的单边进口或单边出口，还有与其有别的各种贸易方式，本节主要介绍经销与代理，寄售与展卖，招标、投标与拍卖，期货交易，对销贸易与加工贸易，电子商务与跨境电子商务。

一、经销与代理

（一）经销

国际贸易中的经销（distribution）是指出口商（供货商supplier）与进口商（经销商distributor）达成协议，承担在规定的期限和区域内销售指定商品的一种贸易方式，包括独家经销和一般经销两种形式。独家经销（sole distribution）又称为包销（exclusive sales），指供货商通过签订协议为国外经销商在一定时期、一定地区经营某一种或某一类商品的独家专营权利的贸易方式；一般经销（general distribution）又称为定销，是指经销商不享有独家经营权，供货商可在同一时间、同一地区内，委派几家商号来经销某种或同类商品。独家经销与一般经销的区别在于有无专营权。

独家经销的特点为"三定""三自""一专"。其中，"三定"指在包销协议中定商品、定期限、定地区；"三自"指包销商自行购买、自行销售、自负盈亏；"一专"指专营权。独家经销协议的主要内容包括独家经销商品的范围、独家经销的区域、数量或金额、作价方法、独家经销商的其他义务（广告宣传、市场调研、维护供货商权益）、包销期限和终止条款。

用经销方式出口应慎重选择经销商，注重对方的信誉度和经营能力。要注意订好经销协议，确定供货商和经销商间的权利和义务；慎重选择包销的商品种类；合理确定包销的地理范围；规定承购数额奖惩；了解当地的有关法规，避免与当地的法律发生冲突。

（二）代理

代理（agency）又称佣金代理（commission agency），指代理人按照委托人的授权，代表委托人与第三人订立合同或从事其他法律行为，委托人直接承担由此产生的权利和义务的一种贸易方式。《中华人民共和国民法通则》第六十三条规定：代理人在代理权限内，以被代理人的名义实施民事法律行为。被代理人对代理人的代理行为，承担民事责任。

国际贸易中的代理是以委托人（出口商）为一方，接受委托的代理人（代理商）为另一方达成协议，规定代理人在约定的时间和地区内，以委托人的名义与资金从事业务活动，并且委托人直接负责由此而产生的后果。从性质上来看，代理是一种委托代理关系，出口商通过代理协议与代理商建立委托代理关系。

按行业和职责，代理可主要分为销售代理、购货代理、货运代理、保险代理、保险经纪人五种类型。销售代理，它是代理方式中常见的一种，指的是代表出口商或制造商为其商品在国际市场上的销售提供服务的代理人。购货代理，又称采购代理，即代理人受进口人的委托，为其在国际市场上采购商品提供服务。货运代理，一般是以货主的受托人身份为货主办理有关货物的报关、交接、仓储、调拨、检验、包装、转运、订舱等项业务。保险代理，这通常是指保险人的代理，代表保险人和被保险人打交道；保险经纪人则作为被保险人的代理，为其办理投保手续服务。此外，还有广告代理、投标代理、诉讼代理等。

根据委托人授权范围的大小，代理可分为总代理、一般代理和独家代理。总代理，是委托人在指定地区的全权代表，他有权代表委托人从事一般商务活动和某些非商务性的事务；一般代理，指不享有独家经营权的代理。因此，在同一地区和期限内，委托人可同时委派几个代理人代表委托人行为。独家代理，享有独家经营权。独家经销与独家代理都具有"三定""一专"的特点，即定商品、定期限、定地区，都有专营权，但交易的性质不同。

代理商和进出口企业之间不是买卖关系，而是委托和被委托的关系。代理商和进出口企业之间没有货物所有权的转移，代理商不承担经营风险，也不负担盈亏。代理商的具体职责：代表委托人招揽客户、接受订单、签订合同、代为处理委托人的货物、收受货款等，收取佣金。

代理协议的主要内容：代理商品和地区、代理人的权利与义务、委托人的权利与义务、佣金的支付。

二、寄售与展卖

（一）寄售

寄售（consignment）是一种委托代售的贸易方式，也是国际贸易中为开拓商品销路、扩大出口而采用的一种通常做法。寄售人先将准备销售的货物运往国外寄售地，委托当地代销人按照双方商定的条件，由代销人为其销售，所得货款扣除佣金及有关费用后，交付给寄售人。寄售协议的主要内容：寄售商品的作价方法、佣金的问题、货款的收付。

寄售贸易是根据寄售协议进行的，寄售协议属于信托合同性质。因此，寄售人与代销人之间是委托代售关系，而不是买卖关系。寄售人通过寄售协议与代销人建立委托代售关系。货物在售出前，其所有权属寄售人。代销人只为寄售人提供服务并收取佣金，其责任只限于在货物抵达后照顾货物，尽力推销，并依照寄售人的指示处置货物；货物售出前的一切费用和风险由寄售人承担。代售人不承担任何风险和费用。

寄售有利于寄售人开拓市场和扩大销路，同时也有利于调动那些具备推销能力、经营作风好但资金不足的代销人的积极性。此外，寄售能够为买主提供便利，降低其购买货物的风险和费用。然而，在这一过程中，寄售人需要承担较大的贸易风险，如资金周转期较长、收汇的安全性不能完全保障等。

（二）展卖

展卖（fairs and sales）是利用展览会、博览会、展销会、交易会及其他会展形式，对商品实行展销结合、以展促销的一种贸易方式。

展卖可以采取各种方式，如企业可以参加在国内举办的展卖会来推销商品，也可以到海外参展，利用国外举办的各种展卖会来推销商品。

到海外参展时，按照展卖商品的所有方和客户的关系，展卖的做法主要有两种：一是将货物通过签约方式卖断给国外客户，由客户在国外举办或参加展览会。另一种方式是由双方合作，展卖时货物所有权不变，展品出售的价格由货主决定；国外客户承担运输、保险、劳务及其他费用，货物出售后收取一定手续费作为补偿；展出结束后，未售出的货物可以折价卖给合作的客户，或运往其他地方进行另一次展卖。除此之外，还可以将寄售和展卖方式结合起来进行。

展卖是宣传出口商品的重要方式，可扩大商品影响，招揽潜在客户，促进交易；展卖的渠道专业，有利于建立和发展长期客户关系，扩大销售地区和范围；展卖通过市场调研听取客户的意见，以改进产品质量，增强出口竞争力。

重要的展览会、博览会有国际博览会（International Fair）和中国进出口商品交易会（China Import and Export Fair）。国际博览会也称国际集市，是指在一定地点定期举办的，由一国或多国联合组办，邀请各国商人参加交易的贸易形式。这一方式不仅为买卖双方提供了交易便利，而且越来越多地通过产品介绍和广告宣传以打开销路，并成为介绍新产品、新工艺和进行技术交流的重要方式。中国进出口商品交易会前身为中国出口商品交易会，又称广州交易会，是中国各进出口公司联合举办的、邀请国内外客户参加的一种展览与交易相结合的商品展销会。我国于1957年春举办了首届广交会，以后每年春、秋两季各举办一次。

三、招标、投标与拍卖

（一）招标投标

招标和投标简称招投标，是一种传统的贸易方式。招投标方式广泛应用于政府机构、市政部门和公用事业单位的采购、世界银行贷款项目、国际政府贷款项目及国际工程承包业务，有些国家（地区）也用招投标方式进口大宗商品。招标与投标是相互关联的两个概念，是一种贸易方式的两个方面。

招标（invitation to tender）是指招标人在规定的时间、地点，以某种特定的方式发布招标公告，表明自己对特定的商品、工程或服务采购的规格、条件和要求，同时邀请相关的投标人参加投标并按照规定程序从中选择交易对象的一种市场交易行为。招标实际上是竞卖的交易方式。

投标（submission of tender）是指投标人按照招标人的邀请，根据招标人发布的招标公告所列明的具体条件和要求，在规定时间内向招标人提交自己报价的过程，它是对招标人的一种响应。

（二）拍卖

拍卖（auction）是一种具有悠久历史的交易方式。通过拍卖方式进行交易的商品通常是一些品质难以标准化或难以久存，或传统上有拍卖习惯的商品。另外，在某些不动产和无形资产的交易中也常常采用拍卖方式。

国际贸易中的拍卖是由拍卖行接受货主的委托，在规定的时间和场所，按照一定的章程和规则，以公开叫价的方法，把货物卖给出价最高的买主的一种贸易方式。

拍卖是在一定的机构内有组织地进行，如拍卖中心、拍卖行。拍卖机构可以是由公司或协会组成的专业拍卖行，也可以是大贸易公司内部设立的拍卖行，还可以是由货主临时组织的拍卖会。拍卖具有自己独特的法律和规章。许多国家（地区）的买卖法中对拍卖业务有专门的非同一般的规定。除此之外，各个拍卖行又订立了自己的章程和规则，供拍卖时采用。拍卖是一种公开竞买的现货交易，采用事先看货、当场叫价、落槌成交的做法。

1. 拍卖的出价方法

拍卖的出价方法有增价拍卖、减价拍卖、密封递价拍卖和网上拍卖。

（1）增价拍卖。也称英式拍卖。这是最常用的一种拍卖方式。拍卖时，由拍卖人宣布预定的最低价格，然后由竞买者相继叫价，亮相加价，有时规定每次加价的金额幅度，直到拍卖人认为无人再出更高的价格时，则用击槌动作表示竞买结束，将这批商品卖给最后出价最高的人。

（2）减价拍卖。又称荷兰式拍卖。这种方式是先由拍卖人喊出最高价格，然后逐渐减低叫价，直到有某一竞买者认为已经低到可以接受的价格，表示买进为止。以上两种出价方法都是在预定的时间和地点，按照先后批次，公开叫价，现场确定，当时成交。

（3）密封递价拍卖。又称招标式拍卖。采用这种方法时，先由拍卖人公布每批商品的具体情况和拍卖条件等，然后由各买方在规定时间内将自己的出价密封递交拍卖人，以供拍卖人进行审查比较，决定将该货物卖给哪一个竞买者。这种方法不是公开竞买。

（4）网上拍卖。网上拍卖是以互联网作为媒介进行拍卖活动，足不出户即可完成交易。具体操作形式也包括前面所提到的增价拍卖、减价拍卖和密封递价拍卖等方式。

2. 拍卖的注意事项

拍卖业务中需要注意公平交易、品质责任、拍卖主持人的职责、解决争议的方式等问题。

（1）公平交易。拍卖业务中的买卖双方须遵守公平竞争的原则，并遵照拍卖行的规章办事。《中华人民共和国拍卖法》第三十条明文规定："委托人不得参与竞买，也不得委托他人代为竞买。"第三十七条又规定："竞买人之间、竞买人与拍卖人不得恶意串通，损害他人利益。"

（2）品质责任。《中华人民共和国拍卖法》中规定："委托人应当向拍卖人说明拍卖标的的来源和瑕疵。""拍卖人应当向竞买人说明拍卖标的的瑕疵。""未说明拍卖标的瑕疵，给买受人造成损害的，买受人有权向拍卖人要求赔偿；属于委托人责任的，拍卖人有权向委托人追偿。"但同时又规定："拍卖人、委托人在拍卖前声明不能保证拍卖标的的真伪或者品质的，不承担瑕疵担保责任。"

（3）拍卖主持人的职责。拍卖主持人要有足够的业务知识，而且作为货主的受托人，有义务遵照他与货主之间达成的协议，谨慎行事。

（4）解决争议的方式。在拍卖进行过程中，如果发生争议，一般由拍卖主持人决定。但如果当事人一方不同意主持人意见，可到场外进行协商。协商不成，可将争议提交仲裁。仲裁裁决为最后裁决，双方必须遵守。

四、期货交易

期货交易（futures trading）是指在期货交易所内，按一定规章制度进行的期货合同的买卖。期货市场的价格和现货市场的价格均受供求关系的影响。商品期货交易品种主要有谷物、棉花、食糖、咖啡、可可、油料、木材、牲畜、有色金属、原油、贵重金属等。这些商品大都为初级产品，供求量大且价格波动频繁。

（一）期货市场的功能

期货市场的功能主要是价格发现（price discovery）和风险转移（risk transfer）。

（1）价格发现功能是指交易者在期货市场上交易合约，价格的变动反映了市场对该商品供求关系、经济形势、政治形势等因素的判断。期货市场可以提供市场参与者更准确的价格信号，以便他们做出更明智的投资和生产决策。

（2）风险转移功能是指交易参与者通过期货市场可以在未来某个时间点以事先确定的价格买入或卖出一定数量的商品，锁定未来价格，规避价格波动的风险，降低经营成本，保护资金安全。

（二）期货交易与现货交易的区别

（1）从交易的标的物看。现货交易买卖的是实际货物，而期货交易买卖的是期货交易所制定的标准期货合同。

（2）从成交的时间和地点看。现货交易中交易双方可以在任何时间和任何地点达成交易；而期货交易必须在期货交易所内，按交易所规定的开市时间进行交易。

（3）从成交的形式看。现货交易基本上是交易双方在法律允许的范围内按"契约自主"的原则签订买卖合同，合同条款根据交易双方的情况订立，其内容外人是不知道的；而期货交易是在公开、多边的市场上，通过喊价或竞价的方式达成的，期货合同的条款是标准化的（除交易数量、交割月份和价格由交易双方达成），交易的相关信息包括价格都是公开的。

（4）从履约方式看。在现货交易中，无论是即期现货交易，还是远期现货交易，交易双方都要履行买卖合同所规定的义务，即卖方按合同规定交付实际货物，买方按规定支付货款；而在期货交易中，双方成交的是期货合同，履行期货合同不一定要通过实际交割货物来进行，只要在期货合同到期前，即交易所规定的该合同最后交易日前，交易者做一笔方向相反、交割月份和数量相等的相同合同的期货交易，交易者就可解除他实际履行合同的义务，这也就是期货市场上所称的对冲或平仓。

（5）从交易双方的法律关系看。在现货交易中，买卖双方达成交易，交易双方之间产生直接的货物买卖的法律关系。而期货交易双方并不相互见面，合同履行也无须双方直接接触。实际货物的交割、交易的清算和结算一律由清算所对交易双方负责。交易达成后，期货交易双方并不建立直接的法律关系。

（6）从交易的目的看。在现货交易中，交易双方的目的是转移货物的所有权。而期货交易的不同参加者，进行期货交易的目的不同，有的是为了配合现货交易，利用期货交易转移价格变动的风险；有的是为了在期货市场上套取利润；有的是专门从事投机，目的是取得相应的投机利润。

五、对销贸易与加工贸易

（一）对销贸易

对销贸易（counter trade）是个统括的概念，国际上对其没有统一的解释。一般将其理解为：在互惠的前提下，由两个或两个以上的贸易方达成协议，规定一方的进口产品可以部分或者全部以相对的出口产品来支付。

对销贸易不同于传统的现汇进出口贸易。对销贸易方式将进出口结合，具有互惠的特点，一方的出口必须以进口为条件，即双方相互提供出口机会，基本特征是以出口抵补或部分抵补进口。对销贸易涉及的先后两笔交易的金额不一定相等。在各种形式的对销贸易中，除了易货贸易双方根据协议可以要求交易数额基本相等，其他形式的对销贸易双方所交换商品的数额大多相差悬殊。

对销贸易源自易货，但并不等同于易货。它包含的各种交易形式具有易货的基本特征——商品交换，但当今对销贸易的各种形式早已将商品交换和资本流动融为一体，将贸易活动和投资活动结合进行。

对销贸易可在不动用或少动用外汇的条件下进行进出口贸易；吸引国外的资金和技术；带动某些产业的产品出口；发达国家（地区）之间采用对销贸易的形式，有助于建立更有效的产业合作；对销贸易中，商品定价具有灵活性和隐蔽性。

（二）加工贸易

加工贸易（processing trade）包括来料加工贸易、进料加工贸易和境外加工贸易。

广义的来料加工包括来料加工和来件装配两个方面，是指由对方提供一定的原材料、零部件、元器件，由我方按对方的要求进行加工或装配，成品交由对方处置，承接方按照约定收取工缴费作为报酬。来料加工是以商品为载体的劳务输出，可以发挥本国（地区）的生产潜力，补充原材料的不足，增加外汇收入；引进先进技术和管理经验，有利于提高生产、技术和管理水平；增加就业机会，繁荣地方经济。

进料加工一般是指从国外购进原料，加工生产出成品再销往国外。由于进口原料的目的是扶植出口，所以又习惯称为"以进养出"。进料加工与来料加工有相似之处，即都是"两头在外"的加工贸易方式，但两者又有明显不同：来料加工在加工过程中均未发生所有权的转移，原料运进和成品运出属于同一笔交易，原料的供应者即是成品的接受者；而在进料加工中，原料的进口和成品的出口是两笔不同的交易，均发生了所有权的转移。

境外加工贸易是指本国（地区）企业在境外进行直接投资的同时，利用当地的劳动力开展加工装配业务，以带动和扩大本国（地区）设备、技术、原材料、零配件出口的一种国际经济合作方式。可见，境外加工贸易是在海外进行投资办厂的基础上，结合开展来料加工或进料加工，以促进企业所属国（地区）设备、技术以及原材料的出口。境外加工可以绕过贸易壁垒，缓解双边贸易不平衡的矛盾；可以在劳工成本不断上升的压力下维持产品的国际竞争能力。

六、电子商务与跨境电子商务

（一）电子商务

1.电子商务的含义

电子商务（E-commerce）在实践中经常有不同的理解。电子商务可以分成狭义的电子商务和广义的电子商务。狭义的电子商务，是指通过互联网寻找商机并完成交易的行为，例如网上采购、网上支付、网上拍卖与网上订阅等。广义的电子商务，又称电子业务（E-business），是指通过现代信息技术手段从事各种商务活动的行为，它不仅指产品和服务的买卖，还包括客户服务、商业伙伴间的合作、网上学习和企业内部的电子交易。狭义的电子商务强调的是网上交易过程，广义的电子商务则更为广泛，包含了企业所有用网络实现的各种商业活动。目前，在国际上越来越倾向于从广义的角度来理解电子商务，因此，本文提到的电子商务一般指广义的电子商务。

2.电子商务在国际贸易中的应用

电子商务主要是利用信息技术将企业贸易过程中的订货单、发票、提货单、海关申报单、进出口许可证、货运等单据以标准化格式，通过计算机和通信网络在国与国之间、国家与地区之间、企业与企业之间进行传递、交换、处理，并自动完成以贸易为中心的全部业务过程。现代信息技术应用于国际贸易的各个环节：在交易准备阶段，高效率传递有关交易的信息；在贸易磋商阶段，提供各种单据的标准报文形式、电子合同、电子签名；在合同履行阶段，实现运输、通关、检验、支付等业务流程和单据传输自动化。

（二）跨境电子商务

1.跨境电子商务的含义

跨境电子商务是指分属于不同关境的交易主体，通过电子商务平台达成交易、进行支付结算，并通过跨境电商物流及异地仓储送达商品的一种国际商业活动。实施跨境电子商务一般需要满足以下几个条件：交易双方分属不同的经济体（国家或地区）；通过电子商务手段达成交易；完成在线支付、办理运输等一系列基本流程；从事商品交换活动。其本质是传统跨境贸易转向网络化和电子化后形成的新型贸易形态。

2.跨境电子商务的类型

按照进出口货物流动的方向，可将跨境电子商务分为"出口型跨境电子商务"和"进口型跨境电子商务"两类；按照贸易主体属性的不同，可将跨境电子商务分为"基于企业与企业（B2B）交易的跨境电子商务""基于企业与消费者（B2C）交易的跨境电子商务""基于个人卖方与个人买方（C2C）交易的跨境电子商务"三类。综合这两个分类标准，可将跨境电子商务划分为以下六类：出口型 B2B 跨境电子商务、出口型 B2C 跨境电子商务、出口型 C2C 跨境电子商务、进口型 B2B 跨境电子商务、进口型 B2C 跨境电子商务、进口型 C2C 跨境电子商务。

3.跨境电子商务的特点

跨境电子商务基于互联网，借助国际物流，打破了传统贸易中时间、地域的限制，降低了企业参与对外贸易的门槛，压缩了国际贸易的环节，扩大了企业的利润率空间，满足消费者的多元需求，极大地促进了国际贸易的发展。与传统交易方式相比，跨境电子商务具有以下特征。

（1）全球性。网络具有全球性特征，依附于网络的跨境电子商务也因此具有全球性的特征。与传统的交易方式相比，电子商务一个重要的特点就在于它是一种无边界交易，突破了传统交易地理因素的限制。

（2）无形性。数字化传输是通过不同类型的媒介，如数据、声音和图像，在全球化网络环境中集中进行的，这些媒介在网络中以计算机数据代码的形式出现，因而是无形的。网络的发展使数字化产品和服务的传输盛行，数字化产品和服务基于数字传输活动的特性也必然具有无形性。传统交易以实物交易为主，而在跨境电子商务中，无形产品却可以替代实物成为交易的对象。

（3）即时性。对于网络，信息传输的速度和地理距离无关。跨境电子商务中的信息交流，无论时空距离远近，信息发送与接收几乎是同时的。在传统交易模式条件下，信息的发送与接收都存在着长短不同的时间差。跨境电子商务交易的即时性提高了交易的效率，免去了传统交易中的中介环节。

（4）无纸化。跨境电子商务主要采取无纸化操作的方式，信息发送和接收过程实现了无纸化，使信息传递摆脱了纸张的限制。

（5）交易成本低。跨境电子商务能减少供应链环节及商品流转次数，大幅降低交易主体的成本和费用，消费者可以更低的价格购买到更好的产品，经营者则大幅提升了利润率，吸引更多经营者和消费者加入跨境电子商务的洪流。

（6）交易多元性。跨境电子商务呈现更加多元的特点。商品的产地、电子交易平台所在地、物流公司所在地、最终消费者所在地都在不同的国家（地区），跨境电子商务构成了纵横交错的网络。

　　4.跨境电子商务发展面临的问题

　　跨境电子商务发展主要面临法律、标准化、税收、安全等问题。跨境电子商务的监管风险较大，须重视和关注安全问题，主要体现在以下两个方面。

　　（1）个人信息的保护。依赖于网络全球性特征的电子商务可以让互联网用户不受地理因素限制，将各类产品与服务进行跨国界的市场交易。但在跨境零售和跨国公司运作过程中，个人信息无法规避跨境流动的现象发生。随着线上交易广泛渗透，非法收集、泄露、买卖用户信息等违法违规行为屡禁不止，对第三方支付平台的监管也提出了新的挑战。

　　（2）跨境资金流动风险。在跨境电商领域，受信息不对称等因素影响，银行针对跨境电商交易相关的订单、支付、物流等信息的真实性审核存在一定困难，加大了跨境资金流动风险。

第四节　国际贸易的特点及适用法律与惯例

一、国际贸易的特点

　　国际贸易的特点主要指国际货物买卖的复杂性，主要体现在以下四个方面。

　　（1）环境错综复杂，变化多端。各国家（地区）的法律体系存在差异或冲突，贸易受到有关国家（地区）的对外贸易政策、措施、法律以及外汇管制等条件的制约。

　　（2）交易具有很大的不稳定性。易受到国际政治、经济形势、各国政策以及其他社会客观条件的影响。

　　（3）买卖双方承担的风险比国内贸易大。交易数量和金额大，间隔时间长，地理跨度大，货物需长途运输，有时还需多种运输方式结合。

　　（4）利益相关者众多。需要得到国内外的运输、保险、海关、商检和银行等部门的协作、配合，或接受监督与管理，关系错综复杂，容易造成损失或引起纠纷。

二、国际贸易适用的法律与惯例

　　国际贸易适用的法律与惯例主要参考国际货物贸易的情况，国际货物贸易的复杂性导致其适用的法律和惯例较多，不仅有合同当事人所在地的有关法律，还包括相关的国际协定、条约及国际贸易惯例。

　　（1）合同当事人所在国国内的有关法律。例如，《中华人民共和国合同法》。

　　（2）国际贸易协定公约。国际贸易协定包括双边自由贸易协定，如我国与其他国家（地区）签署的双边自贸协定；多边贸易协定，如世界贸易组织一揽子规则、《区域全面经济伙伴关系协定》（RCEP）、《全面与进步跨太平洋伙伴关系协定》；与国际贸易有关的公约，如

《联合国国际货物销售合同公约》《1958年纽约公约》。

（3）国际贸易惯例。国际贸易惯例是国际组织或权威机构对国际贸易业务中反复实践的习惯做法加以总结、解释并编撰成文的规则，主要包括用来解释国际贸易术语的惯例《国际贸易术语解释通则》、托收适用的惯例《托收统一规则》、信用证适用的惯例《跟单信用证统一惯例》等。

思考题　　　　　　　　　　　　　　　　　　　　　　　　　　>>>

（1）除了单边进口、单边出口，举例说明纺织品服装贸易方式的常见类型。

（2）分析电子商务与跨境电子商务中纺织服装类产品的交易现状及趋势。

（3）结合实际理解国际贸易的特点，说明其风险性和复杂性的体现。

02

第二章

国际贸易
理论与政策

本章主要介绍国际贸易理论与政策。国际贸易理论主要包括斯密之前的贸易思想、古典国际贸易理论及新古典国际贸易理论；国际贸易政策主要包括保护贸易政策和自由贸易政策。无论是保护贸易政策还是自由贸易政策都有其代表理论，并成为其政策的理论依据。

第一节　国际贸易理论

一、重商主义

（一）重商主义的产生

历史上关于国际贸易的研究和理论最早几乎都出自重商学派的著作。重商主义（Mercantilism）是西欧封建制度向资本主义制度过渡时期（资本原始积累时期），即15—18世纪初受到普遍推崇的一种经济哲学。重商主义又分为早期重商主义和晚期重商主义两个阶段。

（二）重商主义的贸易观点和经济思想

重商主义认为金银货币才是真正的社会财富，是财富的唯一形态；除了开采金银矿产，各国的对外贸易是获取财富的唯一源泉；为确保不断地从国外获取金银，国家应当积极干预经济生活，即"奖出限入"。

（三）重商主义的发展阶段

1.早期重商主义

大约从15—16世纪中叶，重商主义强调绝对的贸易顺差，为货币差额论。代表人物有威廉·斯塔福。英国都铎王朝（1485—1603）是实行重商主义政策的代表时期，处于英国从封建社会向资本主义社会转型这样一个关键时代，其实施的各项政策也极具时代特色，特别是重商主义政策对英国社会的各个方面都产生了极大的影响。都铎王朝扶植、鼓励发展呢绒制造业，以出口呢绒换取货币；大力发展海外商业，鼓励发展造船业。重商主义政策振兴了英国的民族工业，为英国资本主义工业腾飞提供了前提条件。都铎王朝的重商主义政策是引发圈地运动的主要原动力，其重商主义政策加速了寺院土地所有制的崩溃，瓦解了封建贵族的领地所有制，导致了土地所有权的再分配。

2.晚期重商主义

16世纪下半叶—17世纪，重商主义重视长期的贸易顺差和总体的贸易顺差，为贸易差额论，认为增加金银的主要途径是对外贸易，国内贸易不能增加一国的金银总量；只有通过对外贸易并保持顺差，才会使外国的金银流入国内。代表人物有托马斯·孟，著有《英国得自对外贸易的财富》。

贸易差额论的政策主张包括：货币管制政策，对殖民地贸易垄断政策，奖出限入政策（出口退税、奖励出口），保护关税政策（关税壁垒与非关税壁垒），鼓励发展本国航运的政策，发展本国工业的政策（工场手工业）。

（四）重商主义的局限性

基本错误在于认为国际贸易是一种"零和游戏"，即一方得益必定使另一方受损，出口者从贸易中获得财富，而进口者则减少财富。其原因：重商主义把货币看成财富的唯一形态，把货币的多寡作为衡量一国财富的标准，而没有把交换所得的产品也包括在财富之内。认为财富和利润都是在流通过程中产生的，对经济现象的探究只限于流通领域。

二、绝对优势理论

（一）亚当·斯密的自由贸易思想及观点

斯密认为："如果一件物品的购买费用小于自己生产的成本，那么就不应该自己生产，这是每一个精明的家长都知道的格言。裁缝不想自己制作鞋子，而向鞋匠购买。如果每一个私人家庭的行为是理性的，那么整个国家的行为就很难是荒唐的。如果一个国家能以比我们低的成本提供商品，那么我们最好用自己有优势的商品同他们进行交换。"❶ 在《国富论》中，斯密从个人到家庭再到国家进行推论，指出国际贸易的必要性，即"购买费用小于自己生产的成本""人的行为是理性的"。

斯密非常重视分工，认为分工是导致经济进步的唯一原因；认为自由竞争和自由贸易是必要的且具有优越性，无论进口还是出口都会给双方带来好处；认为国际分工和国际贸易的原因和基础是各国之间存在的劳动生产率（生产成本）的绝对差异，这也是其自由贸易思想的核心观点；认为各国之间劳动生产率的差异及由此产生的国际分工的原因是"自然"形成的，例如地理环境、土壤、气候等自然条件等的差异。

（二）斯密的绝对优势理论

绝对优势理论的核心观点是"生产技术的绝对差异导致生产成本的绝对差异"。一国如果在某种产品生产上具有比其他国家高的劳动生产率，该国在这一产品上就具有绝对优势（absolute advantage）；反之，则不具有绝对优势，而是具有绝对劣势。各国应集中生产并出口其具有绝对优势的产品，进口其具有绝对劣势的产品，其结果比自己什么都生产更有利。在贸易理论上，这一学说被称为"绝对优势理论"。

但绝对优势理论有其前提条件：两个国家，并且只生产两种商品；劳动是唯一的要素投入；两国在不同产品上的生产技术不同，存在着劳动生产率的绝对差异，导致生产成本的绝对差异；劳动力要素可以在国内不同部门之间流动，但不能在国家之间流动；规模报酬不变；所有市场都是完全竞争的；实行自由贸易，不存在政府对贸易的干预或管制；运输费用和其他交易费用为零。

可以这样理解"绝对优势"：在某一种商品的生产上，如果一个国家（地区）在劳动生

❶ 亚当·斯密，国富论［M］．西安：陕西人民出版社，2001：427.

产率上占有绝对优势，或其生产所消耗的劳动成本绝对低于另一个国家（地区），如果各个国家（地区）都从事自己占有绝对优势商品的生产，然后进行交换，那么双方都可以通过交换从中获得绝对的利益，从而整个世界也可以获得分工的好处。

（三）对绝对优势理论的评价

绝对优势理论揭示了国际分工和专业化生产能使资源得到更有效地利用，从而提高劳动生产率的规律；它首次论证了贸易双方都能从国际分工与国际贸易中获利的思想，即国际贸易可以是一个"双赢游戏"，而不是"零和游戏"；斯密的研究把国际贸易理论纳入了市场经济的理论体系，开创了对国际贸易的经济分析。

然而，绝对优势理论只是部分地解释了国际贸易产生的原因，即技术的绝对差异导致成本的绝对差异，它解释的是国际贸易中的一种特例，其理论不具有普遍意义；斯密的理论无法解释绝对先进和绝对落后国家（地区）之间的贸易。

三、比较优势理论

（一）比较优势理论的提出

斯密的绝对优势理论有个重大缺陷，它只能说明在某些产品的生产中具有绝对优势地位的国家（地区）参加国际分工和国际贸易才能获得利益。

大卫·李嘉图（David Ricardo）认为，国际贸易的基础并不限于劳动生产率上的绝对差别。只要各国之间存在着劳动生产率上的相对差别，就会出现生产成本和产品价格的相对差别，从而使各国在不同的产品上具有比较优势，使国际分工和国际贸易成为可能。所以，每个国家（地区）应该根据"两利相权取其重，两弊相权取其轻"的原则，集中生产并出口其具有"比较优势"（comparative advantage）的产品，进口其具有"比较劣势"的产品。

（二）对比较优势理论的评价

比较优势理论是一个简单的贸易模型，但它却可能是经济学中最精彩的部分。它提出了相对成本的概念，在更普遍的基础上解释了贸易的原因和基础，丰富和发展了绝对优势贸易理论，为后来的贸易理论发展和深化指明了方向。一个国家（地区），无论经济实力是强是弱，都能够确定自己的相对优势，根据比较成本原则来安排生产，参与国际分工和贸易并从中获益。

四、资源禀赋理论

伊·菲·赫克歇尔（Eli F Heckscher）和戈特哈德·贝蒂·俄林（Bertil Gotthard Ohlin）的理论产生，始于对斯密和李嘉图贸易理论的质疑。20世纪初，各国尤其是欧美之间的交往已经很普遍频繁，技术的传播已经不是一件非常困难的事，许多产品在不同国家（地区）的生产技术已经非常接近甚至相同，但为什么成本差异仍然很大？赫克歇尔和俄林于1933年创立了资源禀赋论，用生产要素的丰缺以及产品生产中使用要素比例的不同来解释国际贸易产生的原因和商品流向的理论。

（一）赫克歇尔—俄林模型

基本假设：两种生产要素；两种可贸易产品；两个国家（地区）；每个国家（地区）的生产要素都是给定的；生产技术假定相同；生产规模报酬不变；两国（地区）的消费偏好相同；完全竞争的商品市场和要素市场；无运输成本、关税或其他阻碍国际贸易自由的障碍。

生产与贸易模式：基于以上分析，一个国家（地区）出口的应是那些在生产中密集地使用了这个国家（地区）最丰富的生产要素的商品，进口的应是那些在生产中密集地使用了这个国家（地区）最缺乏的生产要素的商品。根据产品投入中所占比例最大的生产要素的种类不同，其可分为劳动密集型产品、资本密集型产品、技术密集型产品。各国（地区）根据生产要素的丰缺程度，可分为劳动充裕国家（地区）和资本充裕国家（地区）。

（二）要素供给比例理论

要素供给比例理论是资源禀赋论的核心理论。其思想为：商品价格的国际绝对差异是国际贸易产生的直接原因，各国商品价格比例不同是由要素价格比例不同决定的，要素价格比例不同是由要素供给比例不同决定的。

在各国要素需求一定的情况下，要素的供给比例不同对要素价格的影响是不同的，供给丰裕的要素价格更便宜，而稀缺的要素价格昂贵。

俄林通过以上分析得出了一个著名的结论：一国出口的是本国丰富的要素所生产的商品，进口的是本国稀缺的要素所生产的商品。

（三）要素均等化原理

俄林认为，各国要素供给比例不同引起的要素价格差异，将通过两条途径缩小，使价格趋于均等，即生产要素的国际移动和商品的国际移动。

（四）对资源禀赋理论的评价

资源禀赋理论用生产结构中的多种生产要素的理论代替了古典学派的单一生产要素的价值理论，正确指出了生产要素在各国对外贸易中的重要地位，这一理论更接近国际贸易的现实。它从生产要素、价格、供给、需求等实际问题入手分析国际贸易产生的原因。但它反对劳动价值论；假定技术是不变的，与事实不符。资源禀赋理论在解释实际贸易模式上具有局限性，不能很好地解释第二次世界大战后发达国家的贸易实践。

五、里昂惕夫悖论

（一）里昂惕夫悖论的产生

第二次世界大战后，国际贸易迅猛发展，贸易结构和地区分布等发生了很大的变化，资源禀赋学说等理论无法解释国际贸易中出现的一些新现象。

按照俄林的理论推论美国的进出口商品结构，美国资本丰富而劳动力稀缺，所以美国应该出口资本密集型产品，并进口劳动密集型产品。瓦西里·里昂惕夫（Wassily Leontief）用投入产出分析法对美国1947年200种进出口商品的要素（资本和劳动力）结构进行了对比分析，计算出每百万美元进口替代商品和出口商品所使用的资本和劳动量，得出的结果却与俄林所说的不同。如何解释这个被普遍认为正确的理论却又与现实相矛盾的现象，就成了人们多年争论不休的一道难题。因此，理论界称其为"里昂惕夫悖论"或"里昂惕夫之谜"。资源禀赋论受到挑战。

（二）理论界对里昂惕夫悖论的探讨

理论界对里昂惕夫悖论的探讨有多种，有代表性的可归纳为以下七个方向：劳动熟练论、人力资本说、产品生命周期说、需求偏好相似说、要素密集转化论、自然资源论、贸易壁垒的限制。

1.劳动熟练论

里昂惕夫认为美国工人的劳动效率比其他国家工人高，大约是其他国家工人的三倍。在劳动以效率单位衡量的条件下，美国就成为劳动要素相对丰富、资本相对稀缺的国家。美国工人的劳动效率比其他国家高是由于企业管理水平较高，工人所受的教育和培训较多、较好。

2.人力资本说

彼得·B.凯南（Peter B. Kenen）认为劳动是不同质的，在劳动效率上存在差异，它主要是由劳动熟练程度决定。而劳动熟练程度的高低，又取决于对劳动者进行培训、教育和其他有关的开支（人力资本）。美国投入了较多的人力资本，拥有较多的熟练劳动。人力资本说对熟练劳动说起到了补充和解释作用。但人力资本的真正价值难以具体衡量。

3.产品生命周期说

雷蒙德·弗农（Raymond Vernon）认为新产品的生命周期经历产品创新时期、成熟时期、标准化时期。产品创新时期的产品为技术密集型；产品成熟时期的产品为资本密集型；产品标准化时期的产品为劳动密集型。产品生命周期说为动态的经济理论，认为在产品生命周期的不同时期，要素的密集性不同，使各种不同类型的国家（地区）在产品处于不同时期所具有的比较利益不同。

4.需求偏好相似说

斯戴芬·B.林德（Staffan B. Linder）认为资源禀赋论只适用于工业制成品和初级产品之间的贸易，而不适用于工业制成品的贸易。前者的贸易主要由供给方面决定，后者的贸易发展主要由需求方面决定。影响一国需求结构的主要因素是人均收入，人均收入越相似的国家，其需求结构和消费偏好越相近，产品的适应性越强，贸易的范围也就越大。林德认为，一种产品的国内需求是其出口的前提条件，国际贸易是国内贸易的延伸。

5.要素密集转化论

要素密集转化是指同一种产品在劳动丰富的国家是劳动密集型产品，在资本丰富的国家又是资本密集型产品的情形。里昂惕夫在计算美国进出口商品的资本劳动比率时，用的都是美国的投入产出数据。对于美国进口的商品，他用的也是美国生产同类产品所需的资本劳动比率，而不是这一商品在出口国国内生产时实际使用的资本劳动比率。B. S. 明哈斯（B. S. Minhas）最早对要素密集转化进行实证检验，他在1962年发表的研究结果中发现，有大约三分之一的研究样本中出现生产要素密集转化的情况。里昂惕夫、萨缪尔·鲍尔斯（Samuel Bowles）对明哈斯的研究结果提出质疑，重新检验，纠正偏差，发现这种情况在现实中鲜有发生。因此，这种解释在理论上可行但实践中并不有力。

6. 自然资源论

里昂惕夫是用双要素模型来进行分析的，未考虑其他生产要素，如自然资源。而实际上，一些产品既不是劳动密集型产品，也不属于资本密集型产品，而是自然资源密集型产品。里昂惕夫后来在对美国的贸易结构进行检验时，在投入产出表中减去19种自然资源密集型产品，结果就成功地解释了这个悖论。

7. 贸易壁垒的限制

在资源禀赋论中贸易被假定为是自由的，而现实中，几乎所有的国家（地区）都或多或少地实行一定程度的贸易保护。对美国来说，保护程度较高的是劳动密集型商品。理查德·E. 鲍德温（Richard E. Baldwin）的研究表明，如果美国对进口商品不加限制的话，其进口品中劳动和资本之比率将比实际高5%。克莱维斯（Kravis）在1956年的研究发现，美国受贸易保护最严格的产业就是劳动密集型产业，这影响了美国的贸易模式，降低了美国进口替代品的劳动密集度。

第二节　国际贸易政策

一、国际贸易政策概述

一国（地区）对外贸易政策的制定一般出自以下原因：保护国（地区）内市场，扩大产品的出口，促进产业结构的改善，积累资本和资金，维护对外政治关系。本国（地区）的经济力量、经济结构、供求状况、物价、就业状况、生态平衡、经济发展战略、外交政策、在世界经济和世界贸易组织中应承担的权利和义务，以及国际收支、国际政治经济环境等因素都会影响贸易政策的制定。

（一）对外贸易政策的构成

（1）对外贸易总政策。包括进口总政策和出口总政策，从整个国民经济出发制定的在一个较长时期内实行的对外贸易基本政策。

（2）进出口商品政策。在对外贸易总政策的基础上，根据经济结构和国内市场状况而分别制定的对外贸易政策。

（3）国别政策。根据对外贸易总政策、对外经济政治关系，分别制定的适应特定国家

（地区）的对外贸易政策。

（二）对外贸易政策的类型和演变

1.对外贸易政策的类型

自对外贸易产生以来，对外贸易政策主要有两大类：自由贸易政策和保护贸易政策。在不同时期，一个国家（地区）采取自由贸易政策的程度或保护贸易政策的程度是不同的，有时宽松，有时严些。

自由贸易政策是指国家（地区）取消对商品和服务进出口贸易的限制和障碍，取消对本国（地区）进出口商品和服务贸易等各种优待和特权，使商品自由进出口，使服务贸易自由经营。自由贸易政策的实质是政府"不干预、少干预"。

保护贸易政策是指国家（地区）广泛利用各种限制进口和控制经营领域与范围的措施，保护本国（地区）商品和服务在本国（地区）市场上免受外国（地区）商品和服务的竞争，同时对本国（地区）的出口商给予优惠和补贴。保护贸易政策的实质是"奖出限入"。

2.对外贸易政策的演变

15—17世纪为资本主义生产方式准备时期，即资本原始积累阶段。各国统治者希望通过这种强制性的保护贸易政策，多出口、少进口，在对外贸易中获取巨额利润。这时期的英国重商主义思想盛行，推行保护贸易政策。18—19世纪为资本主义自由竞争时期。各国工业发展的水平不一致，竞争的地位不同，各国采取的贸易政策也不同。两次世界大战之间为资本主义垄断时期。垄断加强，资本输出占据统治地位。1929—1933年资本主义经济大危机。各国竞相采取保护贸易政策。约翰·梅纳德·凯恩斯（John Maynard Keynes）提出增加有效需求来增加国民生产和就业，认为政府的干预和支持、鼓励出口、限制进口将有利于国家（地区）经济的繁荣和就业的增加。"二战"后，国家（地区）之间通过多边或双边的贸易条约与协定，削减关税壁垒，抑制非关税壁垒，取消国际贸易中的障碍与歧视。20世纪70年代，特别是1973—1974年，世界性经济危机爆发，市场问题相对紧张。保护的商品不断增加，贸易保护措施多样化，贸易保护制度更为系统化，保护的程度不断提高。

（三）对外贸易政策的执行

对外贸易政策的具体实施过程由行政机构负责。海关是国家（地区）的行政机构，是设置在对外开放口岸的进出口监督管理机构，征收关税是其重要任务之一。除此之外，政府还设立各种促进出口和管理进口的行政机构，以政府名义参与各种与国际贸易有关的国际机构与组织，进行国际贸易、关税等有关问题的协调和谈判等。对外贸易政策主要通过各种贸易措施来实施，即关税措施、非关税措施、出口鼓励措施及出口限制措施。

二、保护贸易政策

保护贸易政策的代表理论有重商主义、保护幼稚工业论、改善国际收支论、改善贸易条件论、增加政府收入论、保护就业论、保护公平竞争论、促进产业多元化论。核心思想是通过实施保护贸易政策，保护国内产业和市场，赢得国家利益。

（一）保护幼稚工业论

保护幼稚工业论的代表人物为亚历山大·汉密尔顿（Alexander Hamilton）和弗里德里希·李斯特（Friedrich List）。汉密尔顿提出了幼稚工业保护思想，李斯特全面阐述和发展了幼稚工业保护论。

1776年美国独立后，经济受英国的控制，其北部工业落后，无法同英国竞争。汉密尔顿代表工业资产阶级利益于1791年向国会递交了《关于制造业的报告》，为美国实行保护贸易政策奠定了理论基础。报告中他力主实行保护关税政策，阐述了保护和发展制造业的必要性和有利条件，"自由贸易并不适合美国，自由竞争只会使美国的经济陷入困境。在一国工业化的早期阶段，应当排除外来竞争，保护国内市场，以促使本国新的幼稚工业顺利发展。"

李斯特看到美国实施保护主义政策对制造业发展的影响，提出保护幼稚工业理论。李斯特认为古典自由贸易理论忽视了各国（地区）经济发展的阶段性，处在不同发展阶段的国家（地区）应采取不同的贸易政策。李斯特于1841年出版代表著作《政治经济学的国民体系》。从此，幼稚工业保护理论被后起资本主义国家所奉行。

保护幼稚工业论的内容：根据国民经济发展的程度，把国民经济的发展分为五个时期，即原始未开化时期、畜牧时期、农业时期、农工时期、农工商时期，不同阶段采取不同的贸易政策。农业时期采取自由贸易政策；农工时期采取保护贸易政策；农工商时期采取自由贸易政策。保护贸易政策的目的是促进本国（地区）生产力的发展。保护的对象是幼稚工业，农业不需要保护，工业没有竞争时也不需要保护，发展不起来的工业也不需要保护。保护的时间为农工时期，保护的期限最长不超过30年。具体措施：对与国（地区）内幼稚工业竞争的进口产品采取禁止进口、征收高额进口税的办法。

保护幼稚工业的理论是着眼于一国的长期利益。能否长期获利，取决于三个条件：被保护的"新生儿"必须有长大的潜力；保护是短期的，为保护所付出的代价是短暂的、有限的；被保护的"新生儿"在长大后带给社会的收益足以弥补社会为保护其所付出的"抚养费"。

保护幼稚工业论在实践中面临保护对象和保护手段选择的问题。保护对象的选择要考量经济利益、政治利益等因素；保护手段的选择要综合比较产业政策和关税政策。

李斯特保护贸易理论存在不足，其经济发展阶段的划分是不科学的，关于美国和德国等所谓已经进入农工业阶段的观点是片面的；夸大了自由贸易的一些缺点和保护贸易的一些优点，缩小了自由贸易的一些优点和保护贸易的一些缺点；推迟了先进技术和知识的接受和普及。

（二）改善国际收支论

改善国际收支论认为贸易顺差、逆差影响国际收支、外汇储备，以国际收支方面的理由作为贸易保护的依据，在发展中国家（地区）很普遍。出超越多并不表示一国的福利水平越高，出超只相当于一种储蓄，即增加外汇储备，积攒进口和消费能力。贸易差额过大容易引起与入超国的矛盾与纠纷。

（三）改善贸易条件论

贸易保护通过限制进口来减少需求，从而降低进口商品的价格，使贸易条件得到改善。一国（地区）通过实施贸易保护来改善贸易条件有其局限性，贸易条件改善与否取决于该国（地区）对国际市场的影响力及别国（地区）是否采取相应的报复措施。

（四）增加政府收入论

增加政府收入论认为实行贸易保护是一种利益行为。因为关税是政府收入的重要来源，政府实行贸易保护的动力之一是增加收入。关税在政府总收入中的比重跟一国（地区）的发展程度呈反向关系。

（五）保护就业论

保护就业论建立在凯恩斯主义经济学说基础上，认为实行贸易保护可以保护国（地区）内的生产和就业，一国（地区）的生产和就业主要取决于对本国（地区）产品的有效需求，有效需求由消费、投资、政府开支、净出口四部分组成。从贸易的角度，出口增加有效需求，进口减少有效需求。因此，通过增加出口、减少进口来增加有效需求，最终增加国民生产和就业。凯恩斯认为，当外贸出现一定数量的顺差时，国民收入的增加量将是外贸顺差量的若干倍，就业人数也会成倍增加。

（六）保护公平竞争论

不公平竞争是政府直接或间接帮助本国（地区）企业在国（地区）外市场上竞争，如出口补贴、低价倾销、不对等开放市场等，并对国（地区）外同类企业造成伤害。因此，以公平竞争作为理由来保护贸易。以美国为例，《1974年贸易法》一般301条款授权政府运用限制进口等贸易保护措施，特别301条款对没有很好保护版权、专利、商标和其他知识产权的国家（地区）实行贸易制裁。

（七）促进产业多元化论

该理论认为如果一国（地区）实行高度专业化，主要只生产一种或数种商品，国（地区）内其他需求大量依赖进口，就会形成较脆弱的经济结构。实施保护贸易政策可以保护和推动国（地区）内落后产业的发展，改变单一经济结构的严重依赖性，实现国民经济的均衡发展。

三、自由贸易政策

（一）自由贸易政策的产生

18世纪下半期英国首先完成"产业革命"和使用机器生产，英国很快成为世界制造业的第一大国、第一经济强国，"世界工厂"的地位得以确立并获得巩固。自由贸易政策的理论根据为绝对优势理论、比较优势理论、资源禀赋论及西方主流国际分工贸易学说。核心思想是通过国际分工和贸易，可以获得更多的利益，促进经济的增长。

（二）自由贸易政策的优势

（1）可以形成相互有利的国际分工。在自由贸易条件下，各国可以按照斯密的绝对优势、李嘉图的比较优势和俄林的要素丰缺状况来进行分工，专门生产对其最有利和利益较大或不利较小的产品，促进国际专业化生产。

（2）可以扩大国民真实收入。在自由贸易条件下，各国（地区）都根据自己的条件发展最擅长生产的部门，劳动效率就会提高，成本就会降低，通过贸易以较少的花费换回较多的东西，就可以增加国民财富，扩大国民真实收入。通过进口廉价的商品，减少国民消费开支。

（3）有利于提高利润率及经济效率。通过对外贸易，可以进口廉价的原料，降低生产成本；可以扩大生产规模，取得规模经济效益和超额利润，还可以通过对外投资设厂提高利润率。自由贸易可以减少垄断，加强竞争，提高经济效益。

四、中国的对外贸易政策

（一）外贸体制改革历程

（1）第一阶段（1949—1978年）：计划经济下的国家统制贸易。1978年之前，中国建立了集外贸经营与管理为一体、统负盈亏的外贸管理体制贸易。进出口经营权被授予十几个国家级的外贸专业总公司及所属口岸分公司。通过严格的指令性计划、出口收购制、进口调拨价，使进出口贸易在总体上达到平衡和实现国际收支平衡，同时维持较低的国内价格水平。但使中国与世界市场的有机联系被割断，不利于外贸和整个国民经济的发展。

（2）第二阶段（1979—1991年）：作为有计划的商品经济一部分的贸易开放。我国进行经济体制改革，其中包括外贸体制的改革；为了配合外贸企业改革，国家采取了放宽外汇管制、实行出口退税政策、外经贸部下放部分权力等一系列配套改革的措施。

（3）第三阶段（1992—2001年）：符合国际规范的贸易政策体系改革。改革主要围绕恢复中国在《关税及贸易总协定》中缔约国的地位和加入世界贸易组织的目标进行。1992年我国取消进口调节税；1994年取消进出口指令性计划、改进和完善出口退税制度，此后中国多次降低关税。加入世界贸易组织之前，我国国内已经有30多万家企业获得了贸易经营权。1992年之后，中国服务贸易领域逐步向外资开放。1994年，我国进行了以外汇管理体制改革为核心综合配套的新一轮外贸体制改革。1994年颁布了《中华人民共和国对外贸易法》，开启了系统地完善外经贸领域法律法规的改革阶段。

（4）第四阶段（2002年至今）：以世界贸易组织规则为基础的对外贸易体制的全面改革。即在非歧视性原则、自由贸易原则和公平竞争原则下调整和修改不符合世界贸易组织规定的政策法规；加快外贸主体多元化步伐，尤其是允许私营外贸企业的迅速发展；转变外贸经营主管部门的职能，从以行政领导为主转变为以服务为主。

（二）外贸政策的调整变化

（1）关税改革。1984年修订关税政策，1986年开始逐年降低关税水平。

（2）配额和许可证制度改革。大幅减少对进口的行政限制措施，缩小进口配额、许可证管理商品的范围。

（3）出口退税机制。从1985年开始，避免双重征税，增强本国出口商品的价格在国际市场上的竞争力，保证国际贸易的公平性。我国从1985年开始实行出口退税政策，一直到1993年退税率为11.2%；从1994年我国财税体制改革，引入17%的增值税制度以后，退税率根据国家经济的发展需要做了多次调整；2005年，中国"入世"5年之后退税率做了一次较大的调整，当时有部分产品的退税率直接降至零；2007年，国家再次出台政策降低退税率，平均降幅在3%~5%，并且从7月1日起实行。

（4）纺织服装产品出口退税调整情况。主要分为2007年前、2007年、2008年、2009年四个阶段。从2007年7月1日起，全国开始实行新的出口退税政策，553项"高耗能、高污染、资源性"产品的出口退税被取消，2268项易引起贸易摩擦商品的出口退税率进一步降低。纺织服装产品出口退税率由之前的13%下调至11%；2008年8月1日起，为扩大贸易顺差，确保出口平稳发展，将部分纺织品、服装的出口退税率由11%提高到13%；2009年2月1日起，又一次提高出口退税率，上调到15%。

思考题 >>>

（1）现实中，世界上很多国家在任何产品的生产中都不存在比别国具有绝对优势的地位，它们生产的所有产品效率都低，成本都高。那么，这类经济落后的国家是否应参加国际分工和国际贸易？如果参加，它们能否从中获得利益？

（2）参考多种经济贸易理论，尝试解释"里昂惕夫悖论"。

（3）结合我国纺织服装产品出口退税调整情况，回顾、分析我国外贸政策的调整和变化。

03

国际贸易
措施与规则

现实的国际经济贸易中，自由贸易往往受到各种措施的干预和影响，最主要就是限制进口和鼓励出口两方面的措施。限制进口的措施主要包括关税措施和以配额、技术标准、环境标准为代表的非关税壁垒措施。出口鼓励措施通过推动出口贸易的发展来带动国内经济增长的良性循环，扩大进口能力，所以一直受到各国（地区）政府的重视。各个国家（地区）采取鼓励出口的措施很多，主要是金融、财政、汇率等手段。此外，在某些特殊条件下，还需要实施出口管制措施。作为全球多边贸易机构的世界贸易组织，其相关规则也对国际经贸活动产生影响。

第一节　关税措施

一、关税的含义及目的

（一）关税的概念

关税（customs duties，tariff）是指进出口商品经过一国（地区）关境时，由政府设置的海关向本国进出口商课征的一种税收。税收主体即纳税人，为本国进出口商；税收客体即课税对象，为进出口货物。关税具有涉外性，是实施对外贸易政策的重要手段。关税是一种间接税，关税负担被折算到商品的售价上，由消费者来承担。

关税的征收是通过海关来执行的，海关是设立在关境上的国家行政管理机构，其职责是依照国家（地区）法令，对进出口货物进行监督管理、征收关税、查禁走私、临时保管通关货物和编制进出口统计等。

海关征收关税的领域称为关境或关税领域。"关境"与"国境"不是同一概念。关境有小于国境的情况，例如，有些国家（地区）在国境以内设立自由港、自由贸易区或海关保税仓库等免税区域；关境有大于国境的情况，例如，有些国家（地区）相互之间结成关税同盟，参加关税同盟的国家（地区）的领土即成为统一的关境。

（二）征收关税的目的

征收关税主要基于四种情况。一是增加本国财政收入，基于这种目的的关税被称为"财政关税"；二是保护本国的产业和国内市场，基于这种目的的关税被称为"保护关税"；三是减少对某种产品的消费；四是减少经常项目中的逆差。征收关税在保护本国产业和国内市场方面有积极作用，但在其他方面也产生消极作用，例如增加消费者负担、抑制国际贸易发展、扭曲市场信号以及引发走私活动等。

二、关税的主要种类

根据关税的各种分类标准和关税的征收，整体上可以将关税种类进行如下划分（表3-1）。

表3-1　关税的主要种类

标准	种类
征收对象及商品流向	进口税、出口税、过境税
目的	财政关税、保护关税
差别待遇和特定的实施情况	进口附加税（反倾销税、反补贴税、报复关税、紧急关税、惩罚关税）、差价税、特惠税、普惠制
征收方法及标准	从量税、从价税、复合税、选择税

（一）按照征收的对象或商品流向分类

1.进口税（import duty）

进口税指外国（地区）商品进入一国（地区）关境时，由该国（地区）海关根据海关税则对本国（地区）进口商所征收的一种关税。

2.出口税（export duty）

出口税是海关对出口货物和物品所征收的关税。目前，大多数国家（地区）对绝大部分出口商品都不征出口税。征收出口税一般基于以下一些理由：增加本国（地区）的财政收入，限制本国（地区）某些产品或自然资源的输出，控制和调节某些商品的出口流量。

3.过境税（transit duty）

过境税又称"通过税"，是一国（地区）海关对通过其关境，再转运第三国（地区）的外国货物所征收的关税。其目的主要是增加国家（地区）财政收入。

（二）按照差别待遇和特定的实施情况分类

1.进口附加税（import surtax）

进口附加税是指一国对进口货物，除了征收一般进口税，由于某种特殊原因而临时加征的关税，是限制商品进口的重要手段。通常有三种情况：作为贸易救济措施来实施反补贴或反倾销；弥补贸易逆差，维持进出口平衡；实施贸易歧视和贸易报复。

（1）反倾销税（anti-dumping duty）。反倾销税是对实行倾销的进口货物所征收的一种进口附加税，其目的在于抑制商品倾销，保护本国（地区）产品的国（地区）内市场。一般来讲，对倾销商品的进口征收相当于倾销差价的反倾销税，征收反倾销税的期限不得超过为抵消倾销所造成的损害必需的期限。

倾销（dumping）是一种价格歧视行为，是指一项产品以低于正常价值的价格从一国（地区）出口到另一国（地区）市场，一般指以低于国（地区）内市场的价格，甚至低于商品生产成本的价格，在国（地区）外市场抛售商品，打击竞争对手以占领国（地区）外市场。

对于正常价值的确定，有三种判定方法；通常参照出口国（地区）市场上该产品的可比价格；适当的第三国（地区）同类出口产品的有代表性的价格；原产地成本加管理费、销售费、其他费用和利润。

商品征收反倾销税必须具备三个条件：倾销存在；倾销对进口国（地区）工业造成实际损害或实际威胁；倾销进口商品与所称损害之间存在因果关系。

（2）反补贴税（anti-subsidy duty）。反补贴税又称"抵消税"或"补偿税"，是对直接或间接地接受奖金或补贴的外国（地区）商品在进口时所征收的一种进口附加税。一般按奖金或补贴额征收，征税期限不得超过5年。

征收反补贴税必先证明补贴确实存在，同类或相同产品的国（地区）内产业已受到实质损害，补贴与损害之间存在着因果关系。并且不得对同一商品（同一类商品）同时征收反倾销和反补贴税。

（3）报复关税（retaliatory duty）。报复关税是指一国（地区）为报复他国（地区）对本国（地区）商品、船舶、企业、投资或知识产权等方面的不公正待遇而对从他国（地区）进口的商品所课征的进口附加税。

（4）紧急关税（emergency duty）。紧急关税是为消除外国（地区）商品在短期内大量进口对国（地区）内同类商品生产造成重大损害或重大威胁而征收的一种进口附加税。

（5）惩罚关税（penalty tariff）。出口国（地区）某商品违反了与进口国（地区）之间的协议，或者未按进口国（地区）海关规定办理进口手续时，由进口国（地区）海关向该进口商品征收的一种临时性的进口附加税，具有惩罚或罚款的性质。

2. 差价税（variable levy）

差价税又称差额税，是当本国（地区）生产的某种产品的国（地区）内价格高于同类进口商品的价格时，为削弱进口商品的竞争能力，保护本国（地区）生产和国（地区）内市场，按国（地区）内价格与进口价格之间的差额征收的关税。差价税随国内外价格差额的变动而变动，因而也称为滑动税，与进口商品价格呈反向关系。

3. 特惠税（preferential duty）

特惠税又称"优惠税"，是指对来自特定国家（地区）进口的全部或部分商品给予特别优惠的低关税或免税待遇。最主要的"特惠税"为《英联邦特惠税》和《洛美协定》。《英联邦特惠税》是1932年英国与英联邦成员以及各联邦成员国之间相互签订的12个排他性贸易与关税优惠协定，正式成立了英联邦特惠制。《洛美协定》是欧盟向参加协定的非洲、加勒比海和太平洋地区的发展中国家（地区）单方面提供的特惠税。

4. 普遍优惠制（generalized system of preferences，GSP）

普遍优惠制简称"普惠制"，是发达国家（地区）对从发展中国家（地区）输入的商品，特别是工业制成品、半制成品及农产品，给予普遍的、非歧视的和非互惠的关税优惠待遇。这种关税称为"普惠税"。

1968年联合国贸易与发展会议通过普惠制决议。其目标是扩大发展中国家（地区）对工业发达国家（地区）制成品和半制成品的出口，促进发展中国家（地区）的工业化，加速发展中国家（地区）的经济增长。根据大多数给惠国的规定，享受普惠制必须持由受惠国政府指定的机构签署的普惠制原产地证书。

普惠制的三项基本原则：普遍性，指发达国家（地区）应对发展中国家（地区）出口的制成品和半制成品给予普遍的优惠待遇；非歧视性，是指应使所有发展中国家（地区）都不受歧视，无例外地享受普惠制待遇；非互惠性，指发达国家（地区）应单方面给予发展中国家（地区）关税优惠，而不要求发展中国家（地区）提供反向优惠。普惠制方案包括对受惠国家（地区）的规定、对受惠产品范围的规定、对受惠产品减税幅度的规定、对给惠国保护措施的规定、原产地规则。

三、关税的征收

（一）关税的征收方法

1.从量征收

从量征收是以进口产品的重量、数量、容量、长度和面积等计量单位作为计征关税的标准。计算公式：

$$从量税额＝商品数量 × 每单位从量税率$$

从量征收计税方法简便，通关手续快捷；每一种进口商品的单位应税额固定，不受该商品进口价格的影响。但通货膨胀时，税额不能随之变动，保护作用下降；对廉价进口物品的抑制作用较大。从量税适用于规格品种简单、计量容易、同一种商品规格价差比较少且经常性大宗进口的商品。

2.从价征收

从价征收是以进口产品的价格作为计征关税的标准。从价税的税率表现为货物价格的百分率。计算公式：

$$从价税额＝商品完税价格 × 从价税率$$

征收从价税的一个关键问题是确定进口商品的完税价格，各国（地区）所采用的确定完税价格的标准大体上有三种：FOB价（离岸价格）、CIF价（到岸价格）及进口国官方价格。

从价征收具有合理性，依据进口商品价格的高低，其税额也相应地高或低，体现税赋的合理性；从价税随价格变动而变动，财政收入和保护作用均不受影响。但完税价格不易掌握，海关估价有一定难度，计征关税的手续也较繁杂。

3.混合征收

混合征收在税则的同一税目中订有从量税和从价税两种税率，征税时混合使用两种税率计征，包括复合税和选择税。

（1）复合税是对同一进口商品同时采用从量、从价两种税率计征关税，以两种税额之和作为该种商品的关税税额。可以从价税为主，另加征从量税；也可以从量税为主，另加征从价税。计算公式：

$$复合税额＝从量税额＋从价税额$$

（2）选择税是指对同一进口商品同时订有从量和从价两种税率，征税时由海关选择其中的一种作为计征关税的标准，但一般选择其税额较高的一种征税。

（二）关税税率的基本分类

（1）普通税率。未签订任何关税互惠贸易条约国家（地区）所实行的税率。

（2）最惠国税率。签有最惠国待遇条款贸易协定的国家（地区）之间所实行的税率。

（3）普惠制税率。发达国家（地区）向发展中国家（地区）提供的优惠税率。

（4）特惠税率。对来自特定国家（地区）进口的全部或部分商品给予特别优惠的低关税或免税待遇。

（三）关税的征收依据

海关征收关税的依据是"关税税则"。税则包括海关课征关税的规章条例和关税税率表。关税税率表包含税则号列、货物分类目录、税率等内容。例如，我国海关对进出口服装的分类是参照关税税率表，先根据服装面料确定货物在税则中所对应的"章"；再区分男女服装并参照相应款式，确定货物在"章"下面所对应的"品目"；最后根据服装面料材质确定货物在"品目"下所对应的税号。税号确定，货物的税率也相应确定。

海关税则按照税率表的栏数分为单式税则和复式税则。海关税则中的同一商品，可以以一种税率征税，也可以以两种或两种以上税率征税。单式税则又称一栏税则，是指一个税目只有一个税率，即对来自任何国家（地区）的商品均以同一税率征税，没有差别待遇；复式税则又称多栏税则，是指同一税目下设有两个或两个以上的税率，对来自不同国家（地区）的进口商品按不同的税率征税，实行差别待遇。

国际税则目录主要有《海关合作理事会税则目录》和《商品名称及编码协调制度》。前者的商品分类原则是以自然属性为主，结合加工程度来进行划分；后者则是在原《海关合作理事会商品分类目录》和《国际贸易标准分类目录》的基础上，协调国际上多种商品分类目录而制定的一部多用途的国际贸易商品分类目录。

（四）关税的征收程序

征收关税的程序即通关手续，又称报关手续，通常包括申报、查验、征税、放行四个基本环节。

第二节　非关税壁垒措施

一、非关税壁垒措施概述

（一）非关税壁垒的含义

非关税壁垒（Non-Tariff Barriers，NTB）是指关税以外的一切旨在限制进口的措施。主要通过国家（地区）法律、法令和各种行政措施来实施。

从整体趋势来看，关税壁垒逐渐降低，非关税壁垒门槛却越来越高，关税壁垒逐步为非关税壁垒所替代。非关税壁垒迅速增长的主要原因：世界平均关税水平不断下降，关税限制进口的作用下降；国家（地区）间争夺市场的斗争加剧；科技发展，提高了商品的检测能力；消费者需求提高，对商品质量提出更高的要求；对他国实施贸易歧视的需要。

（二）非关税壁垒的分类

按照对进口商品限制的作用，将非关税壁垒分为直接限制和间接限制两大类。直接限制指进口国直接对进口商品的数量和金额加以限制，如进口配额制、"自动"出口限制、进口许可证制等。间接限制指进口国未直接规定进口商品的数量和金额，而是对商品制定种种严格的条例，间接地影响和限制商品的进口，如外汇管制、进出口国家（地区）垄断、歧视性的政府采购、技术标准、环境标准等。

1.直接限制类

（1）进口配额：是指进口国（地区）政府对进口商品的数量或金额加以直接限制，分为绝对配额和关税配额。

①绝对配额。商品的进口数量或金额达到规定的最高限额后不准进口，分为全球配额和国别配额。全球配额是指世界范围内的配额，按进口商申请的先后或过去某一时期的实际进口额批给一定的额度，总配额发放完，超过总配额就不准进口；国别配额是指在总配额内按国别或地区分配给固定的配额，超过规定的配额便不准进口。为区分来自不同国家和地区的商品，在进口时进口商必须提交原产地证明书。

②关税配额。商品的进口数量或金额达到规定的最高限额后征收较高的关税或征收附加税或罚款。按进口商品的来源分为全球性关税配额和国别关税配额；按征税的目的分为优惠性关税配额和非优惠性关税配额。优惠性关税配额是指配额内的商品给予较大幅度的关税减让甚至免税，超过配额的商品征收原来的最惠国税率（西欧共同市场的普惠制）；非优惠性关税配额是指配额内的商品征收原来的进口税，超过配额的商品征收极高的附加税或罚款。

"二战"后，发达国家通过《国际纺织品贸易协定》来对纺织品进口进行数量限制。由于纺织品贸易的大力发展是工业现代化的一个必要阶段，因此，该协定制约了发展中国家（地区）通过纺织品出口实现经济起飞，直接影响发展中国家（地区）经济的发展和就业增加。世界贸易组织《纺织品与服装协议》规定从2005年1月1日起取消纺织品服装配额，实施了40多年的不平等的国际纺织品服装配额制被彻底取消。

（2）"自动"出口限制：又称"自愿"出口限制或"自动"出口配额制，是进口配额的一种特殊形式。出口国（地区）在进口国（地区）的要求和压力下，"自动"在某一时期限制其出口量。"自动"出口配额制与进口配额制的不同体现为进口配额制由进口国家（地区）直接控制进口配额来限制商品进口；"自动"出口配额制由出口国家（地区）直接控制商品对指定进口国家（地区）的出口。

"自动"出口配额制可分为非协定的"自动"出口配额制与协定的"自动"出口配额

制。非协定的"自动"出口配额制是迫于进口国（地区）压力，自行单方面规定；协定的"自动"出口配额制是通过谈判签订"自限协定"或"有秩序销售协定"。大多数属于协定的"自动"出口配额制。自动出口限制最早出现于20世纪80年代的美日汽车贸易。随着20世纪70年代末日本汽车在美国市场份额的持续扩大，美国汽车产业受到严重的冲击。美国国内的相关力量要求保护美国的汽车工业，来自美国中西部各州的几位议员提出了一项把1981年、1982年、1983年出口到美国的日本汽车总数限制在160万辆的议案。日本政府知悉后，主动在1981年5月1日宣布会"自愿"限制在美国市场上汽车的销量，在1981年4月—1982年3月，将出口到美国的汽车总数限制在183万辆以内。欧盟也与日本签订"自限协定"，规定日本1994年向欧盟出口汽车控制在99.3万辆以内。

整体上，自动出口限制对进口国（地区）而言，少了一点保护主义的味道；对出口国来说，自愿比强迫好，出口国（地区）可以控制出口配额的分配，但实质是被动配额；双方可绕开关贸总协定法律原则或相关规定，针对某项产品达成双边或多边的"自愿出口限制"。

（3）进口许可证制度：由国家（地区）规定商品进口时必须领取许可证，没有许可证不准予进口。按照与配额的关系，分为有配额的进口许可证（在配额限度内）和无配额的进口许可证（在个别考虑的基础上），起到更大的限制进口的作用。按照许可程度，分为公开进口许可证（对进口国别和地区没有限制，实质是自由进口）和特种进口许可证（指明国别和地区）。

2. 间接限制类

（1）外汇管制：一国政府通过法令对国际结算和外汇买卖进行限制来平衡国际收支和维持本国货币汇价稳定的一种制度。出口商要将出口所得的外汇按官定汇价卖给外汇管制机关，进口商要在外汇管制机关按官定汇价申请购买外汇，携带本国（地区）货币出入境也受到严格限制。通过确定官定汇价，集中外汇收入和批汇的办法，控制外汇供应数量来达到限制进口商品品种、数量和原产国的目的。

（2）进出口国家垄断：在对外贸易中对某些或全部商品的进出口规定由国家机关直接经营，或者是把商品的进出口垄断权给予某些组织。

（3）歧视性政府采购：由国家（地区）制定法令，规定政府机构在采购时要优先购买本国产品的做法。具体做法包括：优先购买本国产品与服务；强调产品与服务中的国产化程度；偏向国内企业的招标；直接授标。例如，美国1933年通过《购买美国货法案》，要求美国联邦政府在采购过程中优先购买美国制造的商品，以此来扶持国内产业和就业。它是政府干预对外贸易的典型形式。这种措施使外国商品处于不公平竞争地位，甚至被剥夺了竞争的资格，因而是一种非常有效的非关税壁垒措施。

（4）技术、环境标准：常见的ISO 9000质量体系标准、ISO 14000环境管理体系标准等国际市场"通行证"都是技术、环境标准的具体表现。

①技术标准（技术壁垒）。技术壁垒是一国（地区）商品出口到他国（地区）需要跨越

的技术指标要求，主要通过技术法规、技术标准和合格评定程序来实现。关贸总协定于东京回合达成《技术性贸易壁垒协议》，乌拉圭回合对此协议做出一些修订达成《实施卫生与植物卫生措施协定》。西方国家对于许多制成品规定了极为严格、烦琐的技术标准，其中有些规定往往是针对某些国家（地区）的。例如，原联邦德国禁止在国内使用车门从前往后开的汽车，这种汽车正是意大利菲亚特 500 型汽车的式样；法国禁止含有红霉素的糖果进口，从而有效地阻止了英国糖果的进口，因为英国的糖果制造普遍使用红霉素染料染色；法国还禁止含有葡萄糖果汁的进口，这些规定的意图就在于抵制美国的货物，因为在美国，这类产品是经常加入这种附加物的；瑞士的厨房各种用具的尺寸都比欧洲其他国家的小 5 厘米。

②环境标准（环境壁垒、绿色壁垒）。通常通过环保政策法规、环境标志制度、征收环保附加税来体现，具体包括绿色关税、绿色市场准入、环境贸易制裁、强制要求 ISO 14000 认证、绿色包装和标签制度、绿色环境标志和认证制度、严格的检验检疫制度等形式。国际上的实例较多，例如，欧盟对成员国部分进口商品征收碳关税；欧盟的生态标签制度；国际上针对食品安全的"危害分析及关键点控制（HACCP）体系"；欧盟的《关于化学品注册、评估、许可和限制法案》（REACH 法规）；日本的"食品中残留农业化学品肯定列表制度"。

（5）进口最低限价和禁止进口：进口最低限价是指一国政府规定某种进口商品的最低价格，凡进口货价低于规定的最低价格则征收进口附加税或禁止进口，以达到限制低价商品进口的目的。禁止进口是指数量控制已不能走出经济与贸易困境时，直接颁布法令，公布禁止进口的货单。

（6）进口押金制：又称"进口存款制"，是指进口商在进口商品时，必须预先按进口金额的一定比率和规定的时间，在指定的银行无息存入一笔现金，才能进口。以此增加进口商的资金负担，影响资金周转，起到限制进口的作用。

（7）专断的海关估价：提高某些进口货的海关估价，来增加进口货的关税负担，阻碍商品的进口。主要适用于从价征收的情形。

（8）进口商品征税的归类：在海关税率已定的情况下，税额大小除了取决于海关估价，还取决于征税产品的归类。海关归类具有一定的灵活性。

（三）非关税壁垒的特点

（1）非关税壁垒比关税壁垒具有更大的灵活性和针对性。制定和实施采用行政程序，迅速、简便，不受最惠国待遇条款的约束。

（2）非关税壁垒比关税壁垒更能直接达到限制进口的目的。关税是间接税，主要是通过提高进口商品的成本和价格来限制进口，而非关税壁垒超过限额就直接禁止进口。

（3）非关税壁垒比关税壁垒更具有隐蔽性和歧视性。非关税壁垒措施往往不公开，或者规定极为繁杂的标准和手续，可以针对某个国家（地区）采取相应的限制性的非关税壁垒措施，增加差别性和歧视性。

二、加入世贸组织后我国遇到的主要非关税壁垒

加入世贸组织后我国遇到的非关税壁垒主要有两种：环境壁垒和技术壁垒。最为权威和广泛的技术标准和环境标准是世界贸易组织的技术性贸易壁垒（TBT）条款和卫生与植物检疫（SPS）条款。

（一）环境壁垒

环境壁垒是一国（地区）产品出口到他国（地区）需要跨越的环保门槛，指那些为保护环境或以保护环境的名义而采取的限制商品进口的各种技术标准与措施，也称为"绿色壁垒"。

各国（地区）为了保护人类、动物或植物的生命或健康，对进出口的农、畜、水产品采取或实施必要的卫生措施。符合国际标准和指南的为合理、科学的，不然则构成任意或不合理歧视的手段，对国际贸易构成变相的限制。20世纪90年代以后，由于环境保护的重视、消费观念的更新、各国应对国际动植物病害的侵入以及竞争的需要，国际贸易中绿色壁垒开始盛行。表面上看起来是合理的和正当的，并且比较隐蔽。

中国加入世界贸易组织以来，产品出口也受到"绿色贸易壁垒"的困扰，特别是农食产品，例如，欧盟以我国产蜂蜜含有氯霉素等抗生素超标为由中止进口，浙江舟山冻虾仁因检测出氯霉素遭遇退货，陕西苹果因病虫害而出口受阻。

（二）技术壁垒

技术壁垒是一国（地区）商品出口到他国（地区）需要跨越的技术指标要求，指各国（地区）为保证其进出口商品的质量，保护人类、动物或植物的生命或健康，保护环境或防止欺诈行为而设立的技术标准和法规。按内容体系分为三类。

（1）技术安全标准。强制性或非强制性确定进口商品某些特性的规定、标准和法规，通过检验进口商品是否符合这些技术法规而决定是否允许进口。例如，2002年初欧盟标准化委员会公布了一个关于打火机安全的标准，出厂价或海关价低于2欧元的打火机必须安装防止儿童开启的安全锁，且须通过欧盟相关认证部门的实验。此举的理由是提高对消费者尤其是儿童保护的水平，该标准在欧洲受到人们的广泛理解和支持，但使我国温州打火机出口受到严重影响。

（2）卫生检疫标准。指政府利用道德、健康、安全等理由为进口设置障碍，对进口商品制定严格的卫生和安全标准，从而使进口商品在一些细节方面与有关要求不相符合，从而被拒绝进口。

（3）商品包装标签规定。在商品的包装及包装标志等方面有种种严格的规定，不符合规定者不准进口。例如，对包装材料要求严格，对包装标志的要求，利用对进口包装材料、包装形式、包装规格和标签规定的不断变更，起到限制进口作用。

三、非关税壁垒的经济效应

（一）非关税壁垒对进口国（地区）的影响

非关税壁垒一般是直接或间接地限制进口数量，从而引起进口国（地区）内市场价格上涨，起到保护本国（地区）市场和生产的作用。关税只影响价格机制，而数量限制是政府强制决定的，超越了价格机制的保护；进口数量限制对生产效率和消费者利益同样存在损害，且损害较关税更为严重；政府的财政收入也受损。

（二）非关税壁垒对出口国（地区）的影响

造成出口国（地区）出口量下降，出口价格下跌，影响出口产品的生产，同时也削弱了出口企业在国际市场的竞争力。

（三）非关税壁垒对国际贸易的影响

非关税壁垒成为国际贸易发展的巨大障碍。其对农产品贸易的影响超过了制成品，对劳动密集型产品贸易的影响超过了资本密集型产品，对发展中国家和地区的对外贸易的影响超过了发达国家。此外，非关税壁垒还在一定程度上影响国际贸易的商品结构和地理方向的变化。

第三节　出口鼓励与出口管制措施

一、出口鼓励措施

（一）出口信贷

出口信贷是出口国（地区）的官方金融机构或商业银行在政府的鼓励支持下，为促进本国（地区）商品的出口而以优惠利率向本国（地区）出口商、进口方银行或进口商提供的信贷。出口信贷是发达国家（地区）对外贸易支持体系的核心内容，常常被用来鼓励和促进商品出口。例如，美国有"进出口银行"，日本有"输出入银行"，法国有"对外贸易银行"。

根据信贷时间长短分为短期信贷、中期信贷及长期信贷。短期信贷180天以内，出口商品主要为原料、消费品、小型机器设备；中期信贷1~5年，出口商品主要为中型机器设备；长期信贷5~10年，出口商品主要为重型机器设备、成套设备。

按借贷关系分为卖方信贷、买方信贷。卖方信贷是出口国（地区）银行直接资助本国（地区）出口厂商向外国（地区）进口厂商提供延期付款，以促进出口的一种方式；买方信贷是出口国（地区）银行把资金贷款给进口方的进口商或银行，该贷款仅限于支付购买出口国（地区）商品的货款，因此也称为约束性贷款。

（二）出口信贷国家担保制

出口信贷国家担保制是指国家（地区）为了扩大出口，对于本国（地区）出口厂商或商业银行向外国（地区）进口厂商或银行提供的信贷，由国家（地区）设立的专门机构出面担保，当外国（地区）债务人拒绝付款时，这个机构即按照承保的数额给予补偿的一种制度。

出口信贷保险由国家（地区）承担的原因：出口信贷涉及的金额一般都比较大，私人保险公司往往无力承担；国家（地区）能更全面准确地了解和把握进口国国内政治经济状况和变化，以及进口商的资信程度和经营情况。

出口信贷国家担保制所担保的项目包括政治风险和经济风险。政治风险承保金额为合同金额的85%~95%，经济风险承保金额为合同金额的70%~85%。政治风险包括由于进口国（地区）发生的政变、战争、革命、暴乱，以及出于政治原因而实行的禁运、冻结资金、限制对外支付等给出口商或出口国（地区）银行带来的损失。经济风险包括由于进口商或进口国（地区）银行破产倒闭，或无理拒付，或由于汇率变动异常及通货膨胀等给出口商或出口国（地区）银行造成的损失。例如，2019年山东一机械设备进出口公司有一笔金额为800万美元的出口业务，采用2年分期付款方式。这笔业务涉及4家公司：山东机械设备进出口集团公司出口纺织成套设备，印度某公司进口该设备，中国进出口银行为该公司提供出口卖方信贷，中国人民保险集团股份有限公司提供出口卖方信贷保险。

出口信用保险是出口信贷国家担保制的主要表现形式，是国际贸易发展的产物。它是世界贸易组织《补贴与反补贴措施协议》原则上允许的支持出口的政策手段，是世界贸易组织主要成员国普遍采用的一项促进出口的措施。

（三）出口补贴

出口补贴是指政府为了降低出口商品的成本，增强出口商品的竞争能力，在某些商品出口时给予出口厂商现金补贴或财政上的优惠待遇。分为直接补贴和间接补贴。

（1）直接补贴。直接的现金支付，政府直接给予本国（地区）出口商以现金补贴，包括价格补贴、收入补贴。

（2）间接补贴。隐蔽性补贴，政府对某些出口商给予财政上的优惠，包括低息贷款、出口退税、为国（地区）内运输和运费提供更为优惠的条件、免费或低费为本国（地区）出口产品提供服务、允许出口商保留一部分出口所得的外汇。

出口退税指一国（地区）政府对其出口到国际市场上的商品免征或退还其国（地区）内流转税（一般指商品生产、流转过程中征收的增值税、消费税和营业税等），确保其出口商品以不含税的价格进入国际市场竞争，处于平等竞争的位置。出口退税是世界贸易组织规则允许的所有成员国实行的政策措施，它不属于出口补贴。我国出口产品实行的"出口退税政策"，采用"免、抵、退"的管理办法。

（四）商品倾销与外汇倾销

1.商品倾销

商品倾销是指出口商以低于国（地区）内市场价格，甚至低于商品生产成本的价格，集中或持续地大量向国（地区）外市场抛售商品的行为。商品倾销可分为偶然性倾销、间歇性倾销和持续性倾销。偶然性倾销又称为短期倾销，主要是处理积压商品；间歇性倾销又称为掠夺性倾销，主要是打垮竞争对手，垄断市场；持续性倾销又称为长期倾销，指长期地持久地以低于国际市场价格和国（地区）内市场价格的方式在国际市场大量推销本国（地区）商品，是国际价格歧视行为。

2. 外汇倾销

外汇倾销指利用本国（地区）货币对外贬值扩大出口并限制进口。当本国（地区）货币贬值后，出口商品以外国（地区）货币表示的价格降低，提高了该商品的竞争能力，扩大了出口。

货币贬值起到扩大出口作用必须满足下列条件：出口商品具有较大的价格弹性，即由于贬值引起的出口销售量增加幅度大于本国（地区）货币的贬值幅度；货币贬值的程度大于国（地区）内物价上涨的程度；对方国家（地区）不同时实行同等程度的货币贬值；对方国家（地区）不采取其他相应的报复措施。

（五）促进出口的行政组织措施

各国（地区）为促进出口采取的行政组织措施包括：政府制定科学的对外贸易政策；政府改善贸易环境，积极参与国际性的经济、金融和贸易组织，组建和参加区域性的经贸集团；成立促进出口的服务机构，研究出口商品发展战略和贸易政策，如美国的"扩大出口全国委员会"和日本的"日本贸易振兴会"，通过建立商业情报网络，为本国出口商提供信息资料；设立贸易中心、组织贸易博览会；组织贸易代表团出访和接待来访，发挥各中介组织（行业协会、商会等）的作用。

（六）经济特区

经济特区是指一个国家（地区）在其国境以内、关境以外所划出的一定范围，并建立良好的交通运输、通信联络、仓储等基础设施和实行关税等方面的优惠政策，吸引外国（地区）企业从事贸易，鼓励和吸引外资，引进先进技术，发展加工制造业等业务活动的区域。目的是促进对外贸易的发展，鼓励转口贸易和出口加工贸易，繁荣本地区和邻近地区的经济，增加财政收入和外汇收入。其类型有自由港或自由贸易区、出口加工区、保税区（保税仓库）、自由边境区、科学工业园区、综合型经济特区。

1. 自由港或自由贸易区

自由港或自由贸易区是指在关境之外设立的外国（地区）船舶和货物可以自由进出的港口和区域，对进出口商品全部或大部分免征关税，准许在港内或区内进行商品的自由存储、加工制造等业务，以促进地区经济及本国（地区）对外贸易的发展。自由港或自由贸易区的设立有两种，一种是把港口或设区的所在城市都划为自由港或自由贸易区，另一种是把港口或设区的所在城市的一部分划为自由港或自由贸易区。其特点是：贸易自由，基本没有关税和其他贸易限制；业务活动自由，可储存、分类、改装、整理等；金融自由、投资自由；运输自由。

2.出口加工区

出口加工区是指一国（地区）在其港口或邻近港口、国际机场的地方划出一定的范围，新建和扩建码头、车站、道路、仓库和厂房等基础设施，提供免税等优惠待遇，鼓励外国（地区）企业在区内投资设厂，生产以出口产品为主的加工制造区域。

出口加工区与自由贸易区有区别，出口加工区以发展出口加工工业、取得工业方面的效益为主，面向工业；自由贸易区以发展转口贸易、取得商业方面的效益为主，面向贸易。

3.保税区（保税仓库）

保税区（保税仓库）是海关所设置或经海关批准注册的特定地区和仓库。外国（地区）商品在该区可以暂时不缴纳进口税，如再出口也不缴纳出口税，区内商品可以进行储存、改装、分类、混合、展览、加工、制造；保税区的商品运进所在国（地区）的市场，则须办理报关手续，缴纳进口税。设置保税区主要是为了发展转口贸易，增加各种费用收入。

4.自由边境区

自由边境区是指在本国一省或几省的边境地区，其目的和功能都与自由贸易区相似。特点：自由边境区的商品加工后大多是在区内使用，只有少数用于再出口。主要是开发边境地区的经济，优惠待遇有一定的期限。

5.科学工业园区

科学工业园区是指一国或地区为实现产业结构改造和促进高科技产业的发展而在本国境内划出的，以新兴工业产品的研究和开发、高科技产业的生产为主要内容的区域。例如，美国的硅谷是美国最大的电子工业研制中心。

6.综合型经济特区

综合型经济特区是指一国（地区）在其港口或港口附近等地划出一定的范围，新建或扩建基础设施和提供减免税收等优惠待遇，吸引外国或区外企业在区内从事外贸、加工工业、农牧业、金融保险和旅游业等多种经营活动的区域。

二、出口管制措施

（一）出口管制的原因

出口管制是国家（地区）出于经济、政治、军事和对外政策的需要，制定的商品出口的法律和规章，以对出口国别（地区）和出口商品实行控制。2020年10月17日，第十三届全国人民代表大会常务委员会第二十二次会议通过《中华人民共和国出口管制法》。

（二）出口管制的对象

出口管制的对象一般包括：战略物资及其有关的尖端技术和先进技术资料，国（地区）内生产所需的重要物品和紧缺物资，需要"自动"限制出口的商品，实行出口许可证制的商品，为保持生态平衡而得到保护的某些动植物，历史文物和艺术珍品。

（三）出口管制的手段

一国（地区）控制出口的方式有很多种，例如，可以采用出口限额制，对数量、金额进行限制；采取出口结汇管制，对企业出口商品换回的外汇实行管制。出口管制最常见和最有效的手段是运用出口许可证制度。

出口许可证分为一般许可证和特殊许可证。一般许可证，又称普通许可证，这种许可证较易取得，出口商无须向有关机构专门申请，只要在出口报关单上填写这类商品的普通许可证编号，在经过海关核实后就办妥了出口许可证手续。特殊许可证，出口属于特种许可范围的商品，必须向有关机构申请特殊许可证。出口商要在许可证上填写清楚商品的名称、数量、管制编号以及输出用途，再附上有关交易的证明书和说明书报批，获得批准后方能出口，如不予批准就禁止出口。

（四）出口管制的形式

出口管制主要有单边出口管制和多边出口管制两种形式。单边出口管制指一个国家（地区）根据本国的出口管制法案，设立专门的执行机构，对本国某些商品的出口实行管制。单边出口管制完全由一国（地区）自主决定，不对他国（地区）承担义务与责任。例如，美国的出口管制法由总统指令商务部执行。多边出口管制指一些国家（地区）为协调彼此的出口管制政策和措施，达到共同的政治与经济目的，通过达成共同管制出口的协议，建立国际性的多边出口管制机制。例如，冷战时期的巴黎统筹委员会。

第四节 世界贸易组织关于国际贸易的基本规则

以贸易和投资自由化为主体的经济全球化成为当今国际经济发展的重要趋势。经济全球化背景下的全球多边贸易机构世界贸易组织于1995年1月1日正式成立，与世界银行、国际货币基金组织被并称为三大国际经济组织。世界贸易组织具有法人地位，在协调成员争端方面具有更高的权威性和有效性，管辖的范围除了货物，还包括服务贸易和与贸易有关的知识产权。

世界贸易组织的基本规则主要包括：非歧视原则、自由贸易原则、公平竞争原则、透明度原则、对发展中成员的优惠待遇原则。

一、非歧视原则

一国对所有成员国的贸易待遇都必须是同样的，对本国产品与外国产品一律平等。非歧视原则是由最惠国待遇条款和国民待遇条款来体现的。最惠国待遇是指一成员方将在货物贸易、服务贸易和知识产权领域给予任何其他国家（地区）（无论是否世界贸易组织成员）的优惠待遇，立即和无条件地给予其他各成员方。世界贸易组织中的最惠国待遇条款是自动给予和无条件的，非成员国须通过与各国分别谈判，协定是双边的。特惠贸易协定、普惠制方案为例外情况。国民待遇原则是指 国给予所有成员国的公民和企业在经济上的待遇不低于给予本国公民和企业的待遇，主要包括税收、知识产权的保护、市场的开发等，以保证成员国产品与本国产品以同样的条件竞争。

二、自由贸易原则

通过限制和取消一切妨碍和阻止国际贸易开展与进行的障碍，包括法律、法规、政策和措施等，促进贸易的自由发展。该原则主要通过实质性削减关税和减少其他贸易壁垒来实现。

三、公平竞争原则

禁止任何扭曲国际商品市场价格的行为（倾销、出口补贴），并允许采取反倾销和反补贴的贸易补救措施，保证国际贸易在公平的基础上进行。在服务贸易领域，鼓励各成员方相互开放服务贸易市场，创造市场准入和公平的竞争机会；在知识产权方面，包括对知识产权的有效保护和反不正当竞争。

四、透明度原则

根据该原则，世界贸易组织成员有义务将有效实施的现行有关贸易的法律、政策、法规公布于世。透明度原则包括贸易措施的公布和通知。该原则适用于各成员方之间的货物贸易、技术贸易、服务贸易，与贸易有关的投资措施，知识产权保护，以及法律规范和贸易投资政策等领域。

五、对发展中成员的优惠待遇原则

根据《关税及贸易总协定》第四部分和东京回合达成的"授权条款"，对发展中成员的贸易与发展应尽量给予关税和其他方面的特殊优待。允许发展中成员方的关税总水平高于发达成员方，允许发展中成员方继续享受普遍优惠制。

思考题

>>>

（1）在国际贸易战中，为什么发达国家（地区）现在越来越倾向于运用非关税壁垒措施？应怎样看待非关税壁垒？

（2）当前各国鼓励出口的措施有哪些？

（3）分析加入世界贸易组织后，中国经济面临的机遇与挑战。

（4）我国纺织品服装贸易中的技术、环境壁垒的主要表现形式有哪些？

（5）结合行业发展现状，分析加入世界贸易组织后，我国纺织服装产业的机遇与挑战。

04

第四章

服装产业及贸易概况

本章介绍服装产业链构成、全球服装产业链特点、我国纺织服装产业集群概况及我国海关对进出口服装的分类。参考相关统计数据，在近年我国服装行业经济指标概况基础上分析我国服装贸易的现状、特点及主要问题。

第一节　服装产业链现状及发展

产业的着眼点是生产力布局的宏观领域，主要指经济社会的物质生产部门，如"农业""工业""服务业"等。产业由行业组成。行业的着眼点是企业或组织生产产品的微观领域，一般是指其按生产同类产品或具有相同工艺过程或提供同类劳动服务划分的经济活动类别，如饮食行业、服装行业、机械行业等，行业由企业或组织组成。从"产业"到"行业"，层次上是由高到低、概念上涉及的范围是由大到小。联合国采用的三大产业分类方法：第一产业包括农业、林业、牧业和渔业；第二产业包括制造业、采掘业、建筑业和公共工程、水电油气、医药制造；第三产业包括商业、金融、交通运输、通信、教育、服务业及其他。

一、服装产业链构成

服装产业链大体上由上游（原材料）、中游（加工生产）、下游（消费市场）构成，如图4-1所示。上游部分的原材料既包括天然纤维，例如：棉、麻、丝、毛，也包括化学纤维，例如：人造纤维、合成纤维等，上游部分也包括对原材料进行的纺织、印染等加工环节。中游的加工生产，包括服装的研发、设计、生产等环节。下游部分主要是消费市场，包括服装零售、服装贸易，既有针对国内市场的销售，也有针对国外市场的进出口贸易。

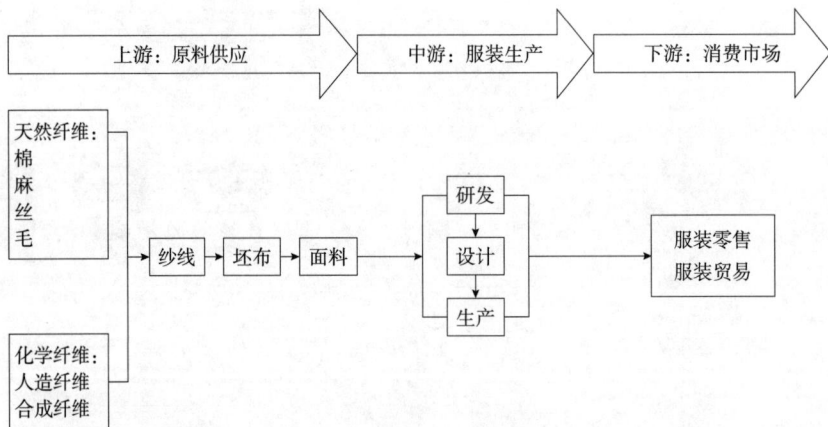

图4-1　服装产业链构成

二、全球服装产业链的特点

经济全球化大大拓展了经济活动的跨国联系，统一的全球市场将更加促进服装产业在地区间的分工和专业化。其特点主要体现在以下三方面："欧洲的设计与品牌"到"亚洲（中国）的加工制造"再到"美国的市场"的路径；SPA（Specialty Retailer of Private Label Apparel）模式，即"自有品牌服装专业零售商"模式的运用；全球服装产业制造地逐渐转移，全球性的服装企业在新增的生产基地上偏向孟加拉国、越南等人力成本更低的国家。

SPA模式是指服装企业拥有自有品牌，是从商品策划、设计、生产直到零售全部由总公司负责的一体化方式，实现制造零售一体化及生产流通一体化。特点为营销渠道扁平化，在快时尚品牌实践中应用较多。

SPA模式的优点：对企业而言，精简销售流程、压缩销售成本、提高企业的利润空间、减少供应环节中利润流失；对产品、消费者而言，商品的更新速度快、紧随国际时尚潮流、提供大众化零售价格。

三、我国服装产业集群概况

（一）产业集群的概念

产业集群或产业集聚（industrial cluster），是指在某一特定的产业领域，通常以一主导产业为核心，大量联系密切的企业及相关支持机构在空间上集聚，形成区域性产业外部规模经济和产业持续竞争优势的现象❶。迈克尔·波特（Michael E. Porter）主要从经济竞争力的角度来看待和解释产业集群现象。

（二）我国服装产业集群的类型

（1）按品类划分：女装产业集群、男装产业集群、童装产业集群、内衣产业集群、休闲服产业集群、职业装产业集群、皮草产业集群。

（2）按地域划分：浙江服装产业集群、江苏服装产业集群、广东服装产业集群、福建服装产业集群、山东服装产业集群；长江三角洲服装产业集群、珠江三角洲服装产业集群、环渤海地区服装产业集群。

（3）按形态划分：一方面，根据区域内企业的分工合作形式，分为水平集聚型、和纵向集聚型（供应链集聚）。水平集聚型是指集群内部企业规模相对比较小，都集中于某一项产品的生产或销售，企业之间的合作关系以平等市场交易为主，各企业以水平联系分工来完成产成品的生产或销售；纵向集聚型是指大量中小企业围绕一家或几家大的核心企业进行协作配套，大企业处于整个产业集群的支配地位，众多中小企业处于外围或下属，主要为核心大企业进行特定的专业化加工，或根据要求提供专门化产品。另一方面，根据区域内专业化产业类型，分为传统型集群和创新型集群。传统型集群是大量中小企业集中的经济群落，这类区域依托当地手工艺技艺、廉价劳动力、廉价原料，逐步发展为劳动密集型产业，其本质是低成本型集群；创新型集群依托当地大学与研究机构，以新知识新技术扩散活跃、鼓励合

---

❶ PORTER M E. Cluster and the New Economics of Competition [J]. Harvard Business Review, 1998(11):77–90.

作、冒险、创新文化、风险投资等为特征，形成区域"创业栖息地"。例如，浙江宁波服装产业集群，产业集群内部有完整创新链，从研究开发到柔性专业化生产再到市场开拓。

（4）按产业集群的最佳生产地点划分：专业化集聚和都市化集聚。产业地点选择同时受制于生产成本与市场实现价格。专业化集聚以生产成本为导向，实现较低的生产成本，例如浙江湖州织里童装产业集群、温州和宁波的男装产业集群、杭州的女装产业集群、泉州的休闲服装产业集群。都市化集聚接近时尚市场，例如上海服装产业集群，设计、研究、营销、高级成衣制作等部门必须立足于都市。

第二节　我国服装产业概况

一、近年我国服装产业发展概况

主要从产业链中游即服装生产主体行业入手，从经济指标、进出口情况两方面分析我国服装产业发展。经济指标主要包括产量、企业单位数、主营业务收入、利润，进出口情况主要包括出口金额、出口数量、出口市场、对共建"一带一路"国家进出口情况。

2019—2023年，我国服装生产达到规模以上的企业，无论是企业户数、产量、主营业务收入还是利润总额，都呈下降趋势。2020年下降趋势明显。产量、主营业务收入和利润总额在2021年有不同程度的增长，2022年又稍有回落，2023年继续回落，除企业户数外，产量、主营业务收入及利润总额都同比下降。

我国服装出口金额在2019—2020年都是同比下降，2021年同比增长较明显，2023年出口金额回落，呈现出同比下降的趋势。我国服装出口的主要市场为美国、欧盟国家、日本、东盟国家。在《区域全面经济伙伴关系协定》（RCEP）生效的利好作用下，2022年东盟超过日本成为我国服装出口的第三大贸易伙伴。2023年我国服装出口在一些传统市场如美国、欧盟国家和日本出现下降，但在一些新兴市场如中亚国家、俄罗斯和非洲国家等则实现了增长。

在对共建"一带一路"国家服装出口方面，对部分国家服装出口显现亮点，对整体出口形成正向拉动。2020年对"一带一路"沿线部分主要国家的出口实现了较快增长。2021年我国对共建"一带一路"国家的服装出口占我国服装出口总额的24.33%，同比增长28.46%。2022年我国对东盟、其他共建"一带一路"国家等新兴市场服装出口合计拉动我国服装出口增长6.5个百分点。2023年中亚、中东、东南亚、非洲成为我国纺织服装出口增长最快的地区。共建"一带一路"对推动服装出口市场多元化起到积极作用，行业外贸结构得到进一步优化。

二、我国海关对进出口服装的分类

我国海关对进出口服装的分类，是综合服装的面料、款式，将不同类型的服装分在不同的章、品目下，最后确定税号。

首先，确定服装面料。不同面料的服装在税则里被划分为不同的章。例如，针织或钩编的服装及衣着附件为第六十一章，非针织或非钩编的服装及衣着附件为第六十二章。其次，区分男女服装及款式。根据男女服装及款式的不同，划分品目。例如，针织男式西服套装为6103.1；针织女式西服套装为6104.1；机织男式西服套装为6203.1；机织女式西服套装为6204.1；针织连衣裙为6104.4，机织连衣裙为6204.4。最后，确定税号。在章和品目的基础上再次根据服装面料材质确定税号，税号确定后，相应税率确定。

第三节 我国服装贸易现状及主要问题

本节结合数据和案例，分析我国服装贸易的现状及面临的主要贸易壁垒。

一、整体贸易形势

（一）贸易份额与进出口位次

近年来，我国在全球纺织品服装贸易中的份额较为稳定。其中，纺织品贸易份额为40%左右，服装贸易份额为30%左右。

在进出口位次方面，根据世界贸易组织统计，2021年我国在全球服装出口方排位中居第一，在全球服装进口方排位中居第七。2022年我国纺织服装出口额与2021年相近，2023年有所回落。整体上，我国是全球纺织服装贸易最主要的国家之一，特别是在出口方面。

（二）产品召回情况

以近十年来看，美国消费品安全委员会（CPSC）召回我国服装产品主要集中在2013年、2015年、2017年、2022年、2023年。欧盟召回我国服装产品主要集中在2014—2019年和2022—2023年。整体上，美国和欧盟召回的我国服装产品以婴儿服装、儿童服装、儿童睡衣、化妆用服装为主，召回、扣留的原因主要为设计及化学成分存在危害人体健康、安全的因素。

二、主要贸易壁垒分析

在"后配额时代"，我国服装贸易面临的主要问题有外贸依存度高、贸易摩擦频发，例如，反倾销、反补贴频繁，技术标准、环境标准导致的各类贸易壁垒阻碍产品出口；成本升高，利润下降，主要是原材料、人工成本升高，进口原料关税和环保压力也会导致成本提高；自主创新能力不强，品牌建设有待提高，较多企业主要做贴牌生产，自主品牌建设处于发展阶段。

　　国际贸易中最权威和广泛的技术标准和环境标准是世界贸易组织的TBT条款和SPS条款。根据中国WTO/TBT-SPS国家通报咨询网的数据查询统计，近年来，全球共发布纺织服装行业的TBT通报数呈下降趋势。通报涉及产品主要集中在以下几个类别：皮革制品，婴幼儿及儿童纺织品，纺织原料，医疗、个人卫生等纺织用品，窗帘、地毯、手帕、床上用品等家用纺织物，成衣服装等。

思考题 >>>

（1）我国服装产业链的特点及产业集群分布情况。

（2）近年我国服装产业经济指标概况及发展趋势。

（3）在"后配额时代"，我国纺织品服装出口面临的主要贸易壁垒有哪些类型？

05

第五章

>> 纺织服装主要出口国家与进口市场概况

目前，世界纺织服装出口国中，位于前列的为中国、意大利、德国、越南、孟加拉国、印度及土耳其。纺织服装的进口市场主要集中在欧盟、美国、日本等国家（地区）。本章针对上述主要出口国家，介绍纺织服装产业发展概况、产业发展优势及产业发展的制约因素。在主要进口市场方面，介绍其纺织服装进口规模、进口产品的类别及主要的进口来源国。

第一节　纺织服装主要出口国家

一、越南

（一）产业概况

纺织服装是越南的支柱性产业之一。在越南工业化经济发展战略中，纺织和服装业在其经济结构中具有举足轻重的地位，在创造就业和贡献出口中发挥了重要作用。从区域分布来看，纺织服装企业主要集中在越南南部，胡志明市周边已发展形成"纺织工业经济圈"，其次纺织服装企业位于北部地区，中部城市也有分布；从产业链布局来看，服装加工企业占比最高，达到70%左右，其次分别为针织／织造、纺纱及印染企业。

受出口激增及纺织企业产能转移双重因素的驱动，越南纺织服装业正经历前所未有的增长。根据世界贸易组织公布的数据，2020年越南超过孟加拉国成为全球第二大纺织服装出口国，主要出口市场为美国、欧盟国家、中国、日本和韩国。服装是主要出口产品，占纺织服装出口总额的70%左右，进口以纤维原料、纱线及面料为主。

为了创造更具吸引力的商业环境，越南一直致力于融入经济"全球化"浪潮。通过拓展多元化的对外贸易关系，既获得了较为稳定的出口收益，亦缓和了外部经济波动所带来的经济风险。越南于2007年加入世界贸易组织，截至2023年底，已与185个国家和地区建立外交关系，与220多个市场建立贸易和投资关系。越南在区域经济合作方面表现活跃，截至2023年底，已经签署了十多个双、多边自由贸易协定（FTA）。根据《全面与进步跨太平洋伙伴关系协定》（CPTPP），越南出口的纺织品服装在日本、澳大利亚、加拿大和韩国等市场享受进口零关税优惠。根据《欧盟—越南自由贸易协定》（EVFTA），协定生效后，少部分服装产品关税将直接降为零，大部分服装产品关税将从协定生效后3~7年内分阶段下调为零。但CPTPP和EVFTA在纺织品服装原产地规则上分别要求从纱和从面料认定，而越南目前织造、染整生产能力明显不足，因而享受零关税优惠的难度较大。作为东盟成员国，越南与其他东盟国家之间的纺织品服装贸易往来关税均为零。2010年中国与东盟签署自贸协定，2015年与越南实现自由贸易，纺织品服装贸易往来均可享受零关税。自由贸易协定有助于降低关税，增强出口产品竞争力，提高企业、行业的竞争力。但是要获得相关优惠，企业需要达到许多条件，如劳工条款、环保、知识产权、原产地等规定。

（二）产业发展优势

越南以相对廉价的劳动力、稳定的政府政策、规模较大的本地市场吸引了外国资本。外国资本的进入直接推动了越南纺织服装业的发展。这些投资不仅帮助越南纺织服装业快速融入全球供应链，积极开拓全球市场，同时有助于其改善出口结构，创造更具竞争力的产品。

（三）产业发展制约因素

目前，面料技术是制约越南纺织服装业发展的主要原因。这一制约因素导致越南纺织服装产业链布局不均衡，上下游发展不平衡。纺织原料、坯布生产以及印染加工环节相对薄弱，棉花、纱线、染整等配套行业跟不上服装加工需求，纺织面料高度依赖进口，大部分布料依赖从中国和韩国进口。终端服装制造业是产业链主体，产销规模占全产业链70%。服装企业运营模式以代加工为主，根据越南纺织服装协会数据，65%的企业从事简单缝制加工，25%从事贴牌加工，仅有9%的企业从事原始设计制造，1%是原始品牌制造商。可见，越南服装加工业仅停留在产业链缝制环节，附加值低。虽然目前人力成本较低，但由于原料依赖进口，单一产品的综合成本不低。

同时，由于原料依赖进口，难以满足自由贸易协定中原产地规则要求，从而无法享受自由贸易协定的优惠税率安排。大部分本土纺织服装企业难以从自由贸易协定中获益，能够充分利用自由贸易协定优惠的大多数为在越外商投资企业。

二、孟加拉国

（一）产业概况

纺织服装业在孟加拉国的经济中扮演着相当重要的角色，成衣业是孟加拉国支柱产业，在出口创汇和劳动就业等方面贡献巨大。自1980年起，纺织服装业逐渐成为孟加拉国最重要的经济支柱，在经济中扮演着举足轻重的作用。近年来，孟加拉国服装类产品出口均呈现高速增长，在美国、欧盟国家和日本的市场份额均有所提升。

在中美贸易摩擦背景下，一些中国纺织服装业主表示希望在孟加拉国建立合资工厂，其主要原因是中国纺织服装行业生产成本日益上升。由于生产成本较低，享有欧盟和中国等主要市场贸易优惠待遇，孟加拉国的服装产业具有较强的竞争优势。

（二）产业发展优势

（1）人口众多，劳动力资源丰富。截至2021年底，孟加拉国有超过1.7亿的人口，是世界上人口密度最大的国家之一。2020年，15～64岁人口比重为68%。2022年，孟加拉国劳动力人数为7445.9万人，同比2021年增长了191万人，人口整体偏年轻化，人口红利充裕。

（2）人工成本低廉，工资具有竞争优势。除了劳动力丰富，孟加拉国的劳动力成本非常低廉。孟加拉国劳动力成本仅为中国的1/4，印度的1/2。根据国际劳工组织的数据，孟加拉国的最低工资标准为每月8000孟加拉塔卡（约合95美元）。孟加拉国法定工作时间为每天8小时、每周6天，法定工作时间相对较长。

（3）纺织服装业享有多项贸易优惠政策。孟加拉国是世界贸易组织、《亚太贸易协定》等多个区域贸易合作组织的成员国，除了享受欧盟普惠制，还获得加拿大、挪威、日本、新西兰、澳大利亚的免关税市场准入待遇。中国政府自2022年9月1日起正式给予孟加拉国98%税目输华产品零关税待遇，这项优惠政策在原有的97%税目产品零关税的基础上进一步扩展，涵盖了更多的产品类别，其中也涉及纺织品和服装。近年来，孟加拉国政府一直在积极寻求各种渠道，力求取得纺织品出口目的国的优惠贸易政策支持。

（4）政府对纺织服装业充分重视。纺织服装业作为孟加拉国的支柱产业，得到了孟加拉国政府的充分重视。孟加拉国政府正积极贯彻"东进"政策，努力打开孟加拉国纺织品在东亚及东南亚国家的市场。为支持国内发展制造业，鼓励先进装备进口，纺织用原料和机械免收进口关税。为鼓励投资并刺激出口，孟加拉国政府对服装业实行5%的出口现金补贴。

（三）产业发展制约因素

制约孟加拉国纺织服装业发展的主要问题是产业链发展不均衡，终端服装制造业是产业链主体，也是孟加拉国的支柱产业，占该国GDP的13%。相对于服装制造，中上游的纺纱、织布及染整等环节发展相对较慢，产能不足以支撑下游服装加工生产。孟加拉国纺织原辅料主要依赖进口，包括棉花、化学纤维、纺织面料等，中国、印度是主要的进口来源国。

三、印度

（一）产业概况

印度自身的条件有利于纺织服装行业的发展，是全球为数不多的拥有较完整纺织制造产业链的国家。印度是全球第二大棉花生产国，棉花的种植、加工和贸易在国民经济中占据着重要地位，其生产的长绒棉享誉世界，为纺织服装行业提供有力的原料支撑。由于来自海外尤其是中国的棉花需求量非常大，印度棉花出口预计保持增长态势，其棉花原料、棉纱销往世界各地，在世界棉纱贸易中占有非常大的份额。印度是历史悠久的文明古国，其服装工业和地毯工业已经有几百年的历史，在传统与现代结合的过程中，发挥了其在设计方面的特点和优势。印度在聚酯、人造纤维和原材料生产方面都取得了巨大进步，原料供应问题得到了解决，许多生产商通过引进先进的设备，建造质量和数量都达到高水平的生产工厂。印度有着大量廉价的劳动力，可以支撑纺织服装这种劳动密集型产业的发展。

随着自由化、私有化和全球化发展，同时由于取消配额、减轻税负、加大投资等因素的影响，印度纺织业正蓬勃发展并逐渐在国际贸易中占有一席之地，印度的纺织服装业在价格、质量，以及ISO质量管理体系方面已经具备全球竞争优势。印度纺织品的主要目的地是欧盟成员国和美国，占纺织品服装出口总额的43%。

（二）产业发展优势

由于印度纺织服装工业具有很大的就业和出口潜力，印度政府把纺织服装行业作为软件业后又一个重要的突破点来培育，大力支持该产业的发展。印度联邦政府高度重视纺织行业的发展，并出台一系列改革和支持措施。早在1999年，印度政府就启动了对纺织服装产业的扶持政策：对所有要更新旧设备的纺织服装企业，银行提供低于普通商业贷款7个百分点的贷款。同时，印度联邦政府出台了ATUFS技术升级基金计划，旨在促进印度纺织业投资能力、就业能力、进出口能力以及产品开发能力的提升。印度政府自2005年开始启动SITP纺织工业园计划，2022年又开始启动PM MITRA大型纺织园区计划，实现从农场到纤维、从纤维到工厂、从工厂到时装、从时装到外销的愿景，打造印度成为全球纺织品制造及出口中心。除了直接鼓励政策和措施，印度政府也采取了一些贸易保护措施来"保护"本国产业发展。例如，上调纺织服装产品关税，包括纤维、地毯、针织品等。印度政府还制定了一系列政策来促进印度纺织品出口，并允许全资的外国企业直接在本国投资纺织企业。

印度拥有丰富的劳动力资源，为劳动密集型产业的发展提供了支撑。据统计，在其超过13亿的总人口中有近一半是劳动年龄人口（15~59岁），随着总人口规模的不断扩大，其人口红利优势将进一步显现。印度纺织行业是制造业中的用工大户，雇用了近3500万人。印度的劳动力工资在全球处于较低水平，廉价的劳动力成本为其纺织产业发展提供了重要优势，也吸引了众多外国企业关注印度劳动力市场，一些企业已考虑在此投资建厂以降低生产运营成本。

（三）产业发展制约因素

印度纺织服装行业拥有天然的资源和人口优势，纺织产业规模庞大，但仍然存在一些问题。劳动力资源丰富，劳动力工资低，但缺乏熟练劳动力和技术型人才，成为印度制造业面临的一项巨大挑战；印度纺织行业相关的基础设施仍不够完善，例如，印度交通基础设施建设落后，在一定程度上增加了纺织运输成本；印度的纺织企业仍以小型纺织企业居多，技术创新难度较大；印度纺织装备在数量和技术水平上虽有所提高，但整体水平仍较落后，高性能纺织机械较少，据统计，其66%的纺织机械依靠进口。

四、土耳其

（一）产业概况

纺织和服装行业在土耳其经济中占有十分重要的地位，地毯、家纺、家居产品、皮革制品、T恤衫和套头衫是其中最具特色、最重要的产品门类。土耳其纺织业的自给能力和技术水平居世界领先地位。棉花产量、羊毛产量和人造纤维产量均居世界前列。土耳其纺织服装配套行业很发达，如针织、染色、印花以及装饰等方面。土耳其由于国内消费有限，纺织工业更多地依赖出口。其纺织产品70%销往国外，主要出口国是德国、美国、英国、法国、荷兰、俄罗斯。与欧洲的纺织服装贸易是土耳其经济的重要支柱。在产品竞争力上，由于丰富且低廉的原料来源、接近西欧市场、生产设备现代化程度较高、大部分出口产品都自主设计等优势，其产品整体定位较高，受到国际市场的青睐。

从加工原料种类来看，作为出口导向型产业，土耳其纺织服装产业主要以棉为主，以迎合其最主要出口地欧洲市场的需求。近年来，棉质服装占据出口服装的绝大部分。

土耳其纺织和服装制造业主要集中在马尔马拉地区、爱琴海地区和库库罗瓦地区三大区域。其中，马尔马拉地区是土耳其最重要的纱线、针织产品、纺织后整理和服装加工基地，爱琴海地区主要为家纺产业，库库罗瓦地区则侧重于纱线、后整理及机织地毯领域。除了这三大生产基地，土耳其还拥有一个重要的纺织服装贸易中心——伊斯坦布尔。该市拥有众多面料及服装市场，土耳其各大纺织服装相关展会也集中在该地举办，如土耳其国际纺织机械展览会、伊斯坦布尔国际纱线展览会、土耳其国际家用纺织品展览会等，国际知名面料品牌展会Texworld每年也在该地举办土耳其分展，可见土耳其作为影响中东及东欧地区纺织服装市场发展的重要贸易中心，受到业界高度重视。

（二）产业发展优势

（1）原料来源丰富。土耳其的棉花产量、羊毛产量和人造纤维产量均居世界前列，其纺织服装配套行业很发达，这为土耳其纺织和服装业的发展提供了基础和保障。

（2）地理位置优越。地处欧亚大陆交汇处，使其成为连接欧亚贸易的枢纽，同时又毗邻西欧、东欧、中东等不同市场，为纺织服装产业的生产、贸易创造了极大的竞争优势。

（3）具有灵活的生产结构。其出口的服装产品中约80%为棉制品，60%为针织品，40%为机织品，它的生产可以随时适应时尚的变化。

（4）技术改造成功，产品质量档次较高。积极采用新技术，如计算机辅助设计和生产，培养高技术水平的产业工人，这为服装设计、加工能力站在行业前列提供了保障。

（5）产品在欧洲市场流通的便利性。土耳其虽然还未加入欧盟，但是作为欧盟海关同盟的成员国，其在贸易上享受成员国待遇，与欧盟成员国之间进出口互免关税，取消数量配额限制，第三国产品可在土耳其和欧盟成员国之间自由流通。

（6）行业、政府致力于改善产业形象和品牌推广。土耳其服装工业协会通过加强与欧洲主要国家（主要是德国、西班牙、英国和荷兰）的非政府组织合作，提升土耳其纺织服装业的负责任形象。土耳其政府发布的国家支持的品牌推广计划，则通过为包括纺织服装企业在内的品牌企业提供品牌战略、运营、组织和技术方面的咨询、培训服务以及资金支持来提升土耳其品牌在国际市场的竞争力。

（三）产业发展制约因素

由于原材料和劳动力成本与其他国家（地区）相比没有多大优势，产品价格偏高，其服装出口价格要高于欧盟纺织品进口的平均价格，没有价格优势。

五、意大利

（一）产业概况

纺织服装业是意大利制造业中的骨干行业，也是其国民经济的支柱产业，意大利是世界第二大纺织机械制造国，产品门类齐全，具有世界一流的技术水平。意大利纺织品质量优良，其主要出口品种为羊毛、真丝和纯棉织品。主要出口市场是德国、法国、西班牙、美国和日本等传统市场，其中约60%的羊毛织品出口到德国、法国和日本。60%的真丝织品和30%的棉织品出口到西班牙、法国和德国。另外，中国从意大利进口的面料近年来呈不断增长态势。意大利进出口均以成衣、纺织面料、针织衣物和纱线为主，且纺织服装业的贸易顺差主要来自成衣和纺织面料。

意大利被誉为欧洲的纺织中心，其产业链比较完善，从原料加工到纺纱织布染色等上下游配合协调，是老牌的纺织服装生产大国。意大利的米兰时装周引领全球时尚潮流，一直被认为是世界时装设计和消费的"晴雨表"。意大利各种规模的纺织公司非常多。纺织品出口主要以成衣、面料、纱线为主，出口市场主要有欧盟、北美、日本、中国等。

在意大利纺织服装行业中，大、中、小型企业合作共存、协调发展，形成了产供销一条龙的体系：大型企业以创新能力、重视面料和加工质量闻名，其品牌遍布全球；中型企业则以灵活性为特色，小型企业致力于在一种或几种产品上"专、精、特、新"，满足不同消费者的需求。意大利纺织服装产业集群的特点是中小型企业集群化的程度较高，约拥有17个重要的纺织服装产业集群，包括科莫（Como）丝织品工业区，比埃拉（Biella）、普拉托（Prato）和维琴察（Vicenza）羊毛制品和面料加工工业区，卡普里（Capri）、特雷维索（Treviso）针织品工业区，恩波利（Empoli）皮革服装工业区，古鲁梅洛（Grumello）纽扣加工工业区等。意大利纺织服装企业有较大一部分在成立之初属于典型的家族企业，如杰尼亚（Ermenegildo Zegna，1910）、普拉达（Prada，1913）、芬迪（Fendi，1925）、古驰（Gucci，1921）、诺悠翩雅（Loro Piana，1924）、麦丝玛拉（Max Mara，1951）、葆蝶家（Bottega Veneta，1966）、范思哲（Versace，1978）、布鲁奈罗·库奇内利（Brunello Cucinelli，1978）等品牌。这些家族企业坚持传承和手工精神，是意大利时装产业极其重要的一大特征。近年来，虽然该行业在国际市场竞争加剧、产业结构调整及国内消费不振的多重压力下产销下降、就业人数不断减少，但出口仍然稳中有升，高端市场的国际竞争优势依然十分明显。

意大利纺织机械制造十分发达。亚洲市场是意大利纺织机械制造商的主要目标市场。中国是意大利纺织机械在亚洲最重要的市场，按照意大利纺织机械制造商协会的预测，意大利纺织机械和配件工业包括大约300家公司。意大利是世界上著名的时尚国度，也是众多世界顶级奢侈品品牌的发源地，诞生了阿玛尼（Armani）、华伦天奴（Valentino）、普拉达（Prada）等品牌。同时，意大利有关纺织、设计的学科水平居世界前列。因此，作为时尚产业的服装产业在意大利获得长足发展，在意大利米兰市中心有超过十万注册的服装品牌和制造商。

（二）产业发展优势

意大利的纺织服装产业具有明显的外向型特征。多年来，意大利一直在欧洲地区纺织服装业中占有重要的地位，是欧洲纺织服装重要的生产和出口基地。

意大利纺织服装业在高端市场上竞争优势明显。意大利纺织服装业在许多细分行业中竞争优势明显。据意大利对外贸易委员会的资料，从纺织行业看，意大利纺织面料每年的销售收入超过90亿欧元，其中60%来自出口，出口额排名世界第二。其中羊毛织物占世界贸易份额的40%，排名世界第二；亚麻织物占世界份额的18%，排名第二；棉织物占国际份额的12%，排名第二；丝织物占国际份额的18%，排名第三。

（三）产业发展制约因素

2021年以后，国际经济政治环境变化、原材料价格大幅上升等因素为产业发展带来了更多不确定性。例如，电力、天然气等能源短缺导致成本上升及原材料运输受阻，意大利纺织服装业的发展也因此面临着巨大的挑战。

此外，意大利纺织服装的海外市场也具有诸多不确定性。长期以来，俄罗斯一直是意大利第一大出口目的国，出口产品包括成衣、内衣和长袜、半成品纺织品等。近年来，意大利对俄罗斯的纺织服装出口也经历了从增长到下降再到恢复的起伏阶段。

六、德国

（一）产业概况

德国纺织业是在德国的第一次工业革命中发展起来的，这一时期的德国纺织业与英国等发达国家相比仍显得落后，而且很快以纺织业为中心的轻工业迅速转向以铁路建设为重点的重工业。直到19世纪五六十年代，德国工业革命才大规模地展开，在这个时期，作为德国最先开始工业革命的纺织工业部门有了新的发展，现代的工厂制度已经占据了统治地位。到了19世纪90年代，德国基本完成了工业化，由落后的农业国一跃成为世界先进的工业国。德国开始加强培训、研发和技术纺织，使纺织工业向高技术转化，避开传统纺织的竞争。德国纺织工业以中小企业为主，特点是使用最少的劳动力实现最大的产值。

德国纺织业的主要产品为丝、棉、化纤，毛线及面料、工业用无纺布、家纺产品和最新发展的多功能纺织品等。德国产业用纺织品占纺织品总量的比重已超过40%，占领了全球产业用纺织品新技术的制高点。德国纺织业在环境和医疗纺织品领域也保持着全球领先地位。

近年来，由于来自低成本国家（地区）廉价产品的冲击，再加上消费者对于产品快速更新换代的需求，德国传统的纺织服装行业承受巨大的转型升级压力。面对这一严峻形势，德国纺织服装业界认为，扩大对欧盟以外的出口，是事关德国纺织业生存发展的问题。为实现扩大出口的目的，对现有产品结构必须做战略性调整，逐步减少常规产品生产，大力发展高技术含量和附加值高、具有较强竞争力、符合世界市场需求的出口型产品。在这一思想指导下，德国依靠其强大的研发力量全力加快工业织物的研发和生产。当前，处于世界领先地位的工业织物占德国纺织工业全行业销售总额的40%左右，已成为德国纺织品出口的主打产品，在其出口产品结构中占有重要地位。

德国传统的纺织服装行业面对激烈的国际竞争能够迅速做出反应，以创新产品、优良设计和生产灵活性占领全球市场份额。德国纺织服装产品出口率较高。值得一提的是，德国是世界上继中国、印度和意大利之后的第四大纺织服装产品出口国。基于其强大的创新能力，德国的品牌和设计在国际上颇具影响力，深受消费者的欢迎。

（二）产业发展优势

（1）生产全球化布局。为降低生产成本，德国企业抓住经济全球化的机遇，将生产基地转往其他原材料、人工价格等成本相对低廉的国家或地区。近几年，由于中国、印度等亚洲国家的劳动力成本上涨，部分德国企业又将工厂迁移至波兰、保加利亚、匈牙利、土耳其等地区。除了生产成本，运输成本和质量监控的方便性和可控性也是服装企业需要考虑的。因此在劳动力成本不相上下的情况下，相比遥远的亚洲，东欧国家更有优势。

（2）注重新产品和新技术的研发。德国的纺织服装企业每年均投入上亿欧元，用于新产品或者新技术的研发。纺织服装企业通过研发新技术将生产成本进行了有效控制和降低。

（3）纺织服装产品出口率较高。德国是世界上继中国、印度和意大利之后的第四大纺织服装产品出口国。德国75%的纺织服装产品出口欧盟国家，奥地利、法国和荷兰是德国的主要贸易伙伴。

（4）产业用科技纺织品与"智能纺织品"领跑德国纺织服装业。德国纺织业的繁荣很大程度上要归功于产业用高科技纺织品的成功。产业用高科技纺织品是经过专门设计，具有工程结构特点的纺织品，广泛应用于医疗卫生、建筑、交通运输、航空航天、新能源等领域。德国的产业用纺织品制造水平一直处于世界领先水平，两年一度的德国法兰克福Techtextil展览为全球最大的产业用纺织品展览。

（三）产业发展制约因素

德国纺织业和服装业发展不平衡，面临截然不同的市场前景。在纺织业领域，德国通过开发功能性及智能型纺织品，提高纺织品档次，提高产品附加值，成功地改变了行业经济增长方式。与欣欣向荣的纺织业不同，德国服装行业的发展呈下滑态势。由于国内外需求低迷，2000—2013年，德国服装业的产量减少了48%，收入减少了57%。近几年，德国服装业销售额下跌，许多服装企业的财务状况恶化，企业生存受到威胁。为应对困难，德国的服装企业不得不采取减少企业员工数量、降低成本和采用自动化生产等措施。

第二节　纺织服装主要进口市场

欧美发达经济体几乎包揽纺织服装进口市场十强榜单。欧盟长久以来保持纺织服装进口第一大市场规模的地位，其次为美国、日本。

一、欧盟

根据世界贸易组织的数据，欧盟是最大的纺织品和服装进口国，占全球纺织品和服装进口的23%以上。欧盟内主要的纺织品消费国家为意大利、荷兰、西班牙和英国，占欧盟纺织品进口的72%。2023年以来，欧盟自外部进口纺织品服装的需求有所下滑，内部贸易则保持增长。

　　欧盟纺织品主要的进口来源国为中国，其次是土耳其，印度排名第三。服装进口市场主要为中国、孟加拉国、土耳其、印度、柬埔寨及越南。

　　欧盟纺织服装市场从整体上可以分为两个消费档次：德国、法国、意大利、英国等国家属于第一档次，对纺织服装的要求较高，消费数量较大；其次是希腊、葡萄牙、爱尔兰等国家，国民收入水平相对较低，纺织品服装消费相对较少。

二、美国

　　美国是纺织品和服装消费大国。美国市场上销售的大宗服装产品为男女衬衫，其次是长、短裤。从消费者性别、年龄分析，50%的服装是针对女性，30%则针对婴幼儿。服饰类产品进口增幅较大，原料性产品进口增幅下降或呈负增长。服装消费趋向舒适型和实用型。棉纺织品目前是美国纺织品消费市场上最受大众喜爱的纺织产品，消费量占美国全部纺织品消费的56%，并呈逐年增长趋势。其次是无纺布产品，美国对无纺布的消费量是全世界最高的，约占全世界无纺布产品消费总量的50%。

　　美国纺织品主要进口来源国为中国，其次是印度，欧盟排名第三。从服装进口来源国看，占比排名前5的国家分别是中国、越南、孟加拉国、印度尼西亚和印度。

三、日本

　　日本已经从原先的纺织服装主要出口国转为纺织服装主要进口国，成为继欧盟、美国、中国香港地区之后的世界第四大进口市场，同时也是仅次于欧盟、美国的世界第三大消费市场。日本纺织品所需天然原材料的80%、服装等成品的50%依赖从国外进口。日本进口纺织品服装主要来自以中国为主的亚洲，其次是欧盟和美国。

　　日本与中国纺织业的联系十分密切，从纺织品进口市场来看，中国是日本最大的纺织品进口来源国，占比达到了54%，日本自其他国家（地区）进口的纺织品占比与中国相比差距较大，均在10%以下。日本对中国的纺织品进口金额在近10年间呈现增长的趋势，但日本对中国的纺织品进口金额占比呈现明显下滑趋势。与纺织品进口类似，日本主要的服装进口来源国也是中国，占比达到56.8%。近10年，日本对中国的服装进口金额整体呈现下滑趋势。

　　日本国民收入居世界前列，对纺织品和服装有着庞大的消费需求，纺织品服装市场潜力巨大。中国产品在其进口市场上曾占70%左右，有较强的价格和质量竞争力，但品牌知名度不高，不具有品牌优势。日本消费者对纺织品服装品质要求高，日本贸易商及零售商对纺织品和服装的品质要求也较为苛刻。对在日本销售的纺织品和服装，日本的贸易商会有一套严格的产品质量标准作为审核的机制，一般可分为日本工业标准（JISL）、产品责任法（P/L）

与产品品质三种规范。日本消费者具有较强的环保意识，对环保产品也表示出很大的兴趣，购买衣服时的选择标准除了价格、款式、质量和性能等，也显现出了追求安全性、耐用性的倾向。

全球纺织品服装贸易流向在近10年已发生了明显的变化，中国作为传统的纺织服装出口大国，其出口占比开始下滑，而越南、孟加拉国等新兴国家纺织服装出口占比出现明显增长。在服装方面，美国、日本对越南服装的进口占比增长较快，欧盟国家对孟加拉国服装的进口占比增长较快。在纺织品方面，世界上主要的纺织品出口国为中国、印度及土耳其。中国的主要出口地为欧盟国家、美国和越南。越南对中国的纺织品进口在10年间明显增长，是因为近年越南服装生产及出口产业逐渐扩大，但其产业链不完善，特别是处于上游的纺织产业不够完善，还需要依靠进口来满足生产。

思考题 >>>

（1）纺织品服装主要出口国家在其产业发展方面的优势和出口品类的特点。

（2）思考世界纺织服装贸易地理格局及演变。

06

>> 时尚买手及品牌
服饰贸易中的陈
列展示空间模式

随着人们个性化消费的不断增多，买手及买手店已被大众熟知，也获得越来越大的发展空间。陈列展示空间（showroom）是连接品牌和商业终端的桥梁，是设计师、品牌与买手的中介。国内陈列展示空间模式的兴起与发展主要得益于国内传统百货正寻求向多品牌买手制和自营升级以及买手店迅速发展的商业环境。本章介绍时尚买手业务及品牌服饰贸易中的陈列展示空间模式。

第一节　时尚买手

一、买手的起源

"服装时尚买手"这一概念由英文"fashion buyer"这一词汇翻译而来，也可以称为"时尚购买者"，这一概念最早在20世纪60年代的欧洲百货零售业出现。从20世纪80年代末至今，零售业已经在逐渐向消费者主导发展，并且经济全球化的发展使零销商开始进行全球化的商品采购和供应，在全球区域内成立了很多大型零销商的采购货物中心，零销商在商品供应中逐渐变成领导者。经过数十年的发展，欧美的买手职业模式已经形成比较完整的体系，相当多的快时尚品牌都依托买手模式在世界各地开设品牌旗舰店来拓展时尚业务范围。

二、买手的含义

20世纪80年代，时尚消费领域将买手定义为时尚链上的一种角色，即为一个特定的目标顾客群体服务，平衡产品价格，预测时尚趋势。随后这一概念被欧美广泛采纳，用于连锁经营的品牌企业。21世纪初期，业界人士将买手定义为以获取利润和满足消费者需求的服装专业买家，其主要职责是负责从服装生产商和批发商处挑选所需货品，然后进行零售，是服装供货商和零售商之间的桥梁。或者认为买手的职能包括研究趋势、采购材料或商品，形成季节性购买计划，并与外部设计师和供应商合作，生产一系列产品，将其分发到线上和线下店铺。近几年，国内学者对时尚买手的关注度逐渐提升，国内业界认为时尚买手是指往返于世界各地，获得最前沿的流行信息，掌握服装流行趋势和大批量订单，根据顾客的不同需求，组织货源进入市场，为企业或个人赚取最大限度利润的人或团队。

由此可见，买手最开始在服装行业以中间商的形式出现，通过沟通供货商和零售商来赚取产品差价。或者说，狭义的服装买手就是负责为服装品牌公司进行商品采购；广义的服装买手需要在服装市场上搜集信息，获得消费者最新的消费需求，并为服装产品的企划和设计研发提供参考，同时参与商品的定价、陈列以及销售和管理。

可见，从不同视角界定"买手"概念时侧重点有其不同：有的偏向从能力需求角度来定义，有的偏重从工作性质角度来定义，还有的偏向从时尚度来定义。因此，要理解"买手"概念，可综合参考从上述三方面角度展开的界定。

三、买手的类型

业界对买手分类的名称和概念尚不统一。从不同角度进行划分有不同的类型，例如，按照工作内容可分为成衣买手、样衣买手、面料买手、信息买手以及最终端的买手等；按照服务对象可以分为品牌买手、独立买手、店铺买手以及百货公司买手。以下重点介绍按照服务对象划分的四种买手类型。

（一）品牌买手

品牌买手是指专门供职于某些品牌或专门服务一个服装品牌的买手。这类买手在品牌商品运营过程中直接或者间接地参与服装的研发、加工生产以及销售和监管工作，这使品牌买手能够快速地捕捉市场变化，满足市场需求。一般情况下，品牌服装买手需要有较高的职能化要求，其工作内容涉及的部门较多，因此对其能力要求也要比其他类型的买手更高。品牌买手不仅需要具有服装产品的研发能力，还需要根据消费者的需求来调整品牌的运作模式。例如，一些快时尚品牌有自己成熟的品牌买手团队，来完成采购、研发、运营以及与公司各部门间的协作工作，确保品牌的高速健康成长。有些品牌公司会继续细分品牌买手，如分为服务于产品开发部门的设计买手和服务于营销部门的营销买手两种。

（二）独立买手

独立买手主要是以产品的管理和货物的组合为主，他们的选择对象大多是成品。买手需要了解产品的开发和销售、市场的推广和宣传、服装的排布和管理等。但是不必参与其中，一般由经验丰富的店长或销售人员负责。

（三）店铺买手

店铺买手主要是指终端店铺买手。近年来，随着各种各样的国外服装品牌涌入中国市场，店铺买手这一买手类型十分火热。一些比较大的品牌尤其是奢侈品品牌会专门培养店铺买手，他们不负责研发、生产服装产品等工作，主要负责从多品牌商品的供应商手中订货。这种类型的买手不需要了解服装产品的设计过程和研发过程，而更擅长店铺销售管理等工作。他们的工作主要包括对商品的组合、管理以及商品跟踪，同时也会进行商品的陈列、推广和销售等工作。

（四）百货公司买手

百货公司买手主要为百货公司的零销商提供产品。他们与各大服装品牌供应商或者代售商沟通联系，为百货公司提供各种流行品牌，并为其进行服饰的供货、陈列和销售等。这种百货公司买手与一般的百货公司零售采购不同，因为前者不会使消费者在进入百货公司后产生商品千篇一律、毫无区分的感觉，他们会根据其负责的商场的风格与品位，结合自身独特的见解与审美来进行服饰采购与陈列，使同一商场内不同品牌间的同款率降到最低，从而满足消费者在其购物过程中的不同需求。

四、买手的职责与素养

（一）买手的职责

买手的职责按照产品所处的不同阶段大体分为如下五项：

（1）预测流行趋势。分析并总结历史销售数据，进行时尚流行趋势调研与预测，并形成流行趋势预测报告。

（2）制订商品企划。如商品上市计划、商品细分、销售预算和采购计划。

（3）参与产品开发。在产品开发过程中要多次参与产品开发研讨会，涉及与其他部门沟通合作，特别是与设计师之间的沟通。

（4）参加订货会。采购活动一般以参与订货会的形式进行。采购时要控制成本和质量，并跟踪订单以便及时调整。

（5）跟踪销售。进行销售跟踪涉及分析销售数据报表，对出现的情况及时进行调整，包括货品的补充、调配和促销等手段。

（二）买手的素养

买手的素养主要包括知识和能力两方面。业界人士认为买手工作对学科专业知识的需求，既有服装行业的共性，如服装产品、生产制造和消费者行为相关的知识；同时由于买手工作与其他业务功能相互联系，还需要具备更加综合的知识，例如，零售、商业、营销、金融、物流、法律、贸易以及影响产品、生产和消费者的外部环境因素相关的专业知识。在此，将买手的素养要求总结为以下四方面的知识和能力。

1.服装专业知识

被视作对买手重要的服装行业通用知识涉及八个常见的服装学科相关领域，包括服装产品、美学、消费者行为、时尚、生产制造、社会文化、可持续性、纺织。如果按照服装产业从产品研发到投入生产的流程，其服装专业知识包括时尚理念、设计手法、服装材料学、结构学、面辅料性能、服装色彩学、服饰搭配技巧等方面。

2.经济管理知识

买手职业相关知识需要参考买手职能，其职能与市场、商业紧密关联，商业知识对买手来说变得越来越重要。因此，时尚买手需要掌握经济管理领域的相关商业知识，包括：市场营销知识，如市场细分、产品定位、产品开发、品牌管理、零售管理；经济贸易知识，如贸易措施、贸易惯例、贸易法规、供应链管理。

3.沟通与协调能力

沟通与协调能力是重要的软性技能，包括沟通、礼仪、人际交往、团队合作、跨文化意识等。在全球服装行业里，沟通对买手来说非常重要，因为他们依赖于跨功能，甚至通常是虚拟的团队合作。同样，团队合作对建立跨组织和文化界限的伙伴关系也至关重要。因为买手工作需要跨越不同组织和文化界限建立关系，在纺织服装这种全球性行业的从业人员应该具有跨文化意识和交往技能。

4.时尚感悟能力与个人品位

时尚感悟能力与独特的个人品位是买手不可或缺的素质。时尚感悟能力是成为买手的前提条件，专业性的时尚买手对时尚的灵敏度极高，能快速而精确判断货品的市场前景。因此，大量的时尚产品筛选与采买工作都离不开买手对时尚的感悟。买手的工作过程实际上就是将其时尚感悟力、个人品位与市场相融合，对最时尚的流行趋势进行判断，将其转化成商品需求信息。他们要满足不同消费者的购买需求，同时要引领服装时尚前沿，他们的时尚感悟能力与品味在一定程度上影响和决定了消费者的品位。

五、买手模式

买手模式是一种全新的品牌运营机制，同时也包含了一些传统的企业理论知识与方法，是传统与时尚相结合的运营模式。在买手职位的基础上，将服装企业各部门的工作有机联系起来，如此企业整体能够按照良好的运营模式快速、高效地运作。经过几十年的发展，买手这一职业在欧美国家已经较为成熟，并形成一套围绕"买手"展开的运营机制，即"买手模式"。买手模式可以提升服装品牌的市场竞争力，使服装企业具备快速的反应机制，从而在服装市场需求变化快速的环境下得以满足市场需求，获得最大化的利润，更好地提升整体业绩。买手模式在众多行业都得到了较好运用，如服装服饰、汽车、珠宝等，其中运用最充分的是服装服饰业。当前主要有三种买手模式，分别是实体买手模式、虚拟买手模式以及采购与再开发型买手模式。

（一）实体买手模式

实体买手模式是指企业公司有自己的生产研发与产品销售的实体，其买手主要根据公司的产品研发和销售等工作，建立对应的营销体系。

（二）虚拟买手模式

虚拟买手模式主要是公司的买手去管理产品的销售渠道，并把产品的生产研发外包到其他成本较低的地区，买手在这些地区以及代工的工厂中选取渠道并采购产品，许多欧美服装品牌都采用这种虚拟型的买手模式。

（三）采购与再开发型买手模式

采购与再开发型买手模式需要买手采购产品并对其进行修改研发，销售渠道等则外包，让专业的运营公司营销。

另外，按照买手服务的企业类型可将买手模式划分为五种：服饰百货企业买手模式、快时尚品牌买手模式、非快时尚服饰品牌买手模式、品牌集合店买手模式、电商服饰品牌企业买手模式。

第二节　品牌服饰贸易中的陈列展示空间模式

一、服饰陈列展示空间的含义

陈列展示空间诞生于欧美，是在经历零售业革命、时装业剧变的时尚产业背景下催生的市场运作模式，是一个聚集独立设计师和买手的线下交易平台，主要作用是给设计师提供空间进行展示和销售。在时尚产业发展成熟的国家（地区），陈列展示空间在时尚产业链中扮演着重要角色，与时装周相辅相成。其中动态的秀场通过现场氛围和模特动态展示品牌精神、设计理念等，静态的展厅则侧重于通过纯粹地展示产品本身来与市场建立联系。目前国内并无研究对它做出准确定义，大多数相关研究依据其英文名称将它直译为"展示厅""陈列室""样品间"等。然而，就陈列展示空间实际的功能来说，"展示"只是其在物质层面所采用的方式，它的内在性质与目的是时尚产品的销售与推介渠道，以及品牌、设计师与买手／买手店之间的沟通桥梁，因而可将其视为时尚行业的一种商业运作模式；并且，随着国际贸易大环境的变化与虚拟展示等新技术的发展，部分陈列展示空间在形式上也有了相当程度的拓展和丰富，强调其实体属性的"展示厅""陈列室"等名词概念更是无法全面呈现出当代陈列展示空间平台的多元面向与重要功用。因此，考虑到陈列展示空间的物质形式与其内在运营方式，将其综合定义为：以时尚买手为主要对象、以产品销售为主要目的、以实体空间为主要形式的时尚展示平台与资源平台。

服饰陈列展示空间的产生和发展符合服饰消费个性化的潮流趋势，成为设计师与买手间的桥梁，帮助初创品牌及设计师品牌的商业落地。同时，通过细节展示促进品牌销售及深度展现服饰品牌的设计理念。功能与优势主要通过其在时尚链中的位置与作用来体现，如图6-1所示。

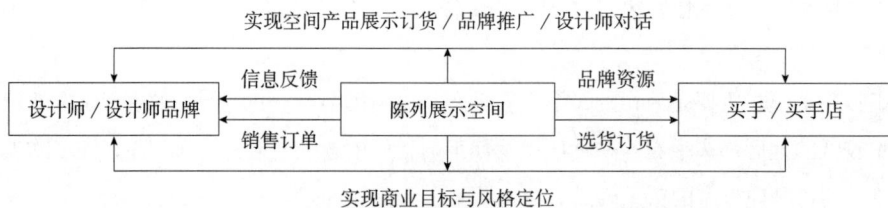

图6-1　服饰陈列展示空间在时尚链中的位置与作用

二、服饰陈列展示空间的发展阶段

陈列展示空间的概念源自欧美时尚界，它主要通过静态陈列空间向时尚买手们展示和销售产品，最初依附于各大时装周而产生。从话题制造和大众吸引力的角度来说，各大时装周的T台秀场无疑是最受关注的焦点，但如果从专业信息的呈现与实际成交额的角度看，陈列展示空间往往更胜一筹。从商业形态的角度来说，成熟的陈列展示空间机制为品牌（特别是独立设计师品牌）提供了集中展示、销售和交流互动的平台，是连接设计师和销售渠道的关键桥梁，也是时尚买手订购产品最主要和最重要的渠道。从时尚艺术的角度来说，不同于T

台通过声、光、影和模特动态来展示服饰产品，陈列展示空间以静态、纯粹和细腻的方式展示服饰所蕴含的设计哲学与视觉美感。

随着买手店需求的增加，部分陈列展示空间脱离时装周独立运营。买手型服饰店铺作为重要的服饰产品销售渠道之一，其商品更能满足消费者目前趋向多元化、差异化、细分小众化的需求。根据中国服装设计师协会在2019年"中国时尚大会"公布的数据，2014—2019年中国买手店从70余家发展到500余家，数量增长为原来的7倍多。一方面，买手店的大量增加亟须专业平台为其在选货、订货方面提供较为独特的渠道和精准的对接服务，以提高采购效率；另一方面，一些资历不深、资金有限的设计师品牌（尤其是小众和初创设计师品牌）也需要专业平台帮助其进行商业落地以获得市场认可。在双方需求的推动下，陈列展示空间平台便成为连接设计师与买手的重要桥梁。

目前陈列展示空间发展到了多形式并行的阶段，主要有以下三种形式：

（1）在各大时装周设立的独立的陈列展示空间，这被认为是各大时装周的有机组成部分，没有陈列展示空间的时装周是不完整的，因为根本没有办法吸引时尚买手。

（2）一般情况下，一些规模较大的奢侈品牌会有自己专门的陈列展示空间；一些小品牌或者设计师品牌则会通过集合多个品牌的陈列展示空间来让买手进行选货、订货等流程。

（3）陈列展示空间作为买家和供应商之间的平台，一般有自己的场地且全年运营，并参加各类时装周和贸易展。

除以上三种形式外，陈列展示空间的展示形式也因展示装置的艺术化、数字技术的深度参与及空间开放性的拓展而向多元化发展。

三、服饰陈列展示空间的类型与差异

服饰陈列展示空间按照展示时限与展出品牌构成的不同有两种分类方式。

从展示时限来说，陈列展示空间平台分为定期展和常年展两类，见表6-1。定期展也可以理解为临时展，通常在时装周期间或者前后限时开放，一般展示时间只有4~6天，它借助时装周的号召力吸引潜在买手，同时它本身也是时装周体现专业和商业水准的重要方式，当前大部分陈列展示空间都是这种形式。常年展则有固定的场地，全年常驻开放，这一类型展示场地更大，展示形式也更加个性化，适合产品更新迅速的时尚品牌，比如专门推介国外成熟设计师品牌到中国的NOVA by DFO就在上海设立了常年陈列展示空间。

表6-1　陈列展示空间类型比较——按时限分类

展示类型	定期展	常年展
时间	时装周期间或前后，一般持续4~6天	常驻开放
特点	借助时装周的号召力吸引潜在买手	展示场地固定、更大，展示形式更加个性化
数量	较多	较少

　　从展出品牌的构成来说，又可以分为品牌自营陈列展示空间和多品牌集成陈列展示空间两类，见表6-2。品牌自营陈列展示空间一般是规模较大的一线品牌或者奢侈品牌，他们定位清晰，渠道和客户较为固定，陈列展示空间就是品牌销售策略中的惯常项目，因此通常由品牌本身所属的公司独立策划完成每季的订货与信息反馈。多品牌集成陈列展示空间则一般独立于单个品牌而运作，其特点除了集中展示多个品牌，往往各个陈列展示空间会在市场竞争中形成自己独特的定位与风格。比如有的陈列展示空间主要致力于国际独立设计师品牌的跨国推介与市场拓展，有的则以本土新锐设计师品牌为主；有的以时尚女装为关注重点，有的则以轻奢男装为定位中心。实际上，陈列展示空间的运营方式和风格特色会直接影响品牌与买手店双方的利益与效率，因此，较为准确的定位与特色就显得尤为重要。

表6-2　陈列展示空间类型比较——按品牌构成分类

品牌构成类型	品牌自营	品牌集成
品牌构成	一线品牌或者奢侈品牌	多品牌（小众设计师品牌与初创品牌为主）
特点	品牌号召力强，定位清晰，渠道和客户较为固定	形成陈列展示空间平台自己独特的定位与风格

　　目前，国内主要服饰陈列展示空间平台成立于2014—2019年，大部分位于上海、深圳等一线城市，品类涉及男装、女装、配饰及家居（表6-3）。

表6-3　国内市场上主要服饰陈列展示空间平台概况

名称	品牌类别	建立日期及地点	主要特色
凯特周设计师精品店（Kate Zhou Showroom）	时尚手袋、独立设计师品牌	2008年上海	国内首家将独立设计师手袋品牌引进中国并致力推广独立设计师品牌的陈列展示空间和精品店，旨在实现尖端时尚的无时差化与无国界化
ALTER SHOWROOM	国内外设计师品牌	2014年上海	专业时尚代理机构，旗下多品牌集合店于2012年获得全球最大时尚趋势预测机构WSGN颁发的时尚大奖
时堂（Showroom Shanghai）	女装、配饰时尚品牌	2014年上海	中国时尚圈第一家专业陈列展示空间，为品牌提供统包服务平台，为买手店与客户打造全国性线上销售平台
NOVA by DFO	国外成熟设计师品牌	2014年上海	以国外设计师品牌为主，在上海设立常年展示陈列展示空间
VDS SHOWROOM	服装、配饰等设计师品牌	2014年上海	在中国与意大利均设立展示中心，为国内外设计师品牌提供资源整合与综合服务
TUBE SHOWROOM	成衣、配饰、家居独立设计师品牌	2015年上海	呈现兼具设计态度与国际视野的年轻设计力量

续表

名称	品牌类别	建立日期及地点	主要特色
NHEW	国内外原创设计品牌	2015年上海	创业工作室式陈列展示空间，在上海设立常年展厅，坚持推广原创设计品牌，涉及销售、管理等综合服务
灯塔SHOWROOM	复古服饰品牌	2015年上海	复古服饰文化的交流平台，追求从"中国制造"到"中国风格"的升级进化
原译YIVVAN SHOWROOM	中国主流设计师品牌、欧美日韩新锐设计品牌	2015年浙江海宁	提供品牌集成零售、陈列展示空间展示与订货、时尚风格发布三大核心业务，致力于传达时尚设计生活美学，推广中国设计
BOTH SHOWROOM	男装轻奢品牌	2015年上海	倡导"一站式时尚服务贸易平台"，在欧洲和中国设立双总部管理，实施全供应链管理的买手制模式。拥有精致的工匠主义自主品牌"BOTH"
MODE上海服装服饰展	国内外时尚品牌	2015年上海	上海时装周官方展会，定位"亚洲最大时装商贸中心"
Not SHOWROOM	男装、女装、配饰等独立设计师品牌	2016年上海	关注品质至上、先锋艺术与商业价值并重的独立设计师品牌，拓展其商业渠道，为买手及消费者提供多元独特的品牌推荐
Ontimeshow	独立设计师时尚品牌	2016年上海	每年两次的当代时尚展示交易及沟通平台，旨在从国际当代时装的类别中发掘展示具有创新精神的品牌
The Square	时尚皮草品牌	2016年上海	专注皮草时尚，为时尚带来多样性与创新性
ROOMROOM SHOWROOM	时尚设计师品牌	2018年上海	隶属于Ontimeshow，在品牌资源上有着得天独厚的优势，以"创意与商业间的平衡"为服务宗旨
LAB SHOWROOM	男装、女装、配饰等设计师品牌	2019年上海	以多元化为中心思想，为设计师品牌提供品牌定位、市场数据分析、销售策略等深度服务，寻找精准的差异化市场，培养市场多样性并推动消费升级
CAPUSULE SHOWROOM	独立设计师品牌	2019年上海	为中国独立设计师规划完整的发展路径，在保持独立性的同时兼具商业发展
LINKFOR亚太国际鞋包及创新皮具展	创意皮具品牌、鞋履品牌	2019年深圳	先锋设计与商业价值并重，利用展示空间的美学与趣味，力图将行业创新能力转化为商业表现

四、服饰陈列展示空间的发展趋势

服饰陈列展示空间主要有以下四种发展趋势：一是需求的增加导致陈列展示空间数量持续增加；二是风格定位与服务职能更加多样；三是买手店与陈列展示空间产品价格区间的扩展，主要是向下兼容，吸引多样消费群体；四是展示形式的多元化，包括展示装置的艺术化、数字技术的深度参与及空间开放性的拓展。

展示装置的艺术化是"场地+材料+情感"综合性的展示艺术，表达设计师与品牌的设计理念。当前，数字信息影响了众多行业的运营方式与发展路线，数字技术的深度参与是一个主要趋势，陈列展示空间平台也不例外。在线下交流受限的情况下，直播、增强现实（AR）和虚拟现实（VR）等技术获得了更高程度的关注，促使陈列展示空间把展示从线下搬到了线上；同时，陈列展示空间也进行了开放性的拓展，例如在2021年10月举行的"时堂SHOWROOM SHANGHAI 2022春夏展"上，由日本皮革产业联合会（JLIA）组织选定的日本皮具品牌将展演空间设置在上海的K11购物艺术中心，以快闪的形式同时面对买手与消费者，将展示空间变得更为开放。

思考题   >>>

（1）讨论与反思陈列展示空间的现存问题：

①陈列展示空间作为设计与商业"中介"的必要性如何体现？

②多元化展示与陈列展示空间的纯粹性问题。

③数字技术的深度参与由此导致的知识产权的保护问题。

（2）服饰陈列展示空间在时尚买手与设计师之间的作用是什么？

07

第七章

国际贸易术语

订立国际贸易合同时，交易双方需要考虑以下问题：交货地点、交货方式、风险转移的划分、运输、保险及通关手续的办理及费用承担、买卖双方交接的单据等。这些问题的核心是买卖双方的风险、责任和费用的划分。这些核心问题将通过国际贸易术语来进行解释和确定。

第一节　国际贸易术语的含义及作用

一、国际贸易术语的含义

国际贸易术语又称价格术语，是国际贸易中定型化的买卖条件。它是在长期的国际贸易实践中产生的，是用简明的语言或缩写字母来概括说明交货地点、买卖双方在责任、费用和风险上的划分以及构成商品价格基础的特殊用语。例如：CIF伦敦，CFR纽约，FOB上海。

二、国际贸易术语的作用

国际贸易术语的作用主要在于厘清买卖双方之间的义务，具体如下：简化交易磋商的内容；缩短成交过程；节省费用开支；有利于买卖双方核算价格和成本；有利于解决争议；部分地表明合同性质，例如转运合同、到达合同。但是需要注意，价格术语不是确定合同性质的唯一因素，判断合同性质还要考虑其他因素。

第二节　有关贸易术语的国际贸易惯例

用来解释国际贸易术语的国际贸易惯例主要有《1932年华沙—牛津规则》（*Warsaw-Oxford Rules 1932*）、《1990年美国对外贸易定义修订本》（*Revised American Foreign Trade Definitions, 1990*）及《国际贸易术语解释通则》（*International Rules for the Interpretation of Trade Terms*）。

一、《1932年华沙—牛津规则》

由国际法协会于1928年制定，后经过历次修订，目前为1932年版本，共21条。专门解释CIF合同，对CIF的性质、买卖双方所承担的风险、责任和费用的划分以及货物所有权转移的方式等问题作了比较详细的解释。东欧、北欧一些国家多采用。

二、《1990年美国对外贸易定义修订本》

由美国商业团体于1919年制定，原称为《美国出口报价及其缩写条例》，后于1941年修订，改名为《1941年美国对外贸易定义修订本》。1990年再次修订，命名《1990年美国对外贸易定义修订本》。包括6种贸易术语：

（1）EXW（Ex Works，产地交货）。

（2）FOB（Free on Board，在运输工具上交货）。

（3）FAS（Free Along Side，在运输工具旁交货）。

（4）CFR（Cost and Freight，成本加运费）。

（5）CIF（Cost, Insurance, Freight；成本加保险费、运费）。

（6）DEQ（Delivered Ex Quay，目的港码头交货）。

此定义美国、加拿大以及其他一些美洲国家多采用。其与《国际贸易术语解释通则》有明显区别：《1990年美国对外贸易定义修订本》中的FOB术语指"在运输工具上交货"，FAS指"在运输工具旁交货"，而《国际贸易术语解释通则》中的FOB术语指"在装运港船上交货"，FAS术语指"在装运港船边交货"。

三、《国际贸易术语解释通则》

《国际贸易术语解释通则》（以下简称《通则》）是国际商会（ICC）创立的对各种贸易术语解释的正式规则，其目的在于便利国际贸易的进行，在销售合同中引用《国际贸易术语解释通则》可以明确界定当事方的各自义务并减少法律纠纷的风险。它于1936年首次公布，在1953年、1967年、1976年、1980年、1990年、2000年、2010年、2020年作了修订和补充，以便使这些规则适合当时的国际贸易实践。

2020年《通则》是国际商会根据国际货物贸易的发展，在2010年《通则》的基础上进行的修订，2019年10月修订完成，于2020年1月1日生效。修订目的是扩大通则的适用范围，使其在国内贸易中运用；主要改变是整合了2010年《通则》中贸易术语的种类，进一步完善了术语内容。2010年《通则》中的DAT（Delivered at Terminal，运输终端交货）在2020年《通则》中被修改为DPU（Delivered at Place Unloaded，目的地卸货后交货）。修改后，包括11种贸易术语，即FAS、FOB、CFR、CIF、EXW、FCA、CPT、CIP、DPU、DAP、DDP。在修订时，尽量保持与《联合国国际货物销售合同公约》（以下简称《公约》）的协调。

关于《通则》的适用问题。国际贸易惯例本身不是法律，对国际贸易当事人不产生必然的强制性约束力，在适用的时间效力上也不存在"新法取代旧法"的说法。2020年《通则》于2020年1月1日正式生效，并不意味着2010年《通则》自动作废，当事人在订立贸易合同时仍然可以选择适用2010年《通则》或2000年《通则》，甚至1990年《通则》。为避免歧义，应在合同中特别注明本合同受某《通则》管辖。

四、国际贸易惯例的性质及作用

国际贸易惯例是国际组织或权威机构对国际贸易业务中反复实践的习惯做法加以总结、解释并编撰成文的规则。贸易惯例本身不是法律，对贸易双方不具有强制约束力。如果双方都同意采用某种惯例来约束该项交易，并在合同中做出明确规定，就具有强制性。因此，采用某种惯例的商人，应在合同中明确规定该合同受某种惯例约束。如果合同中未注明适用某项惯例，也未排除，在合同执行中发生争议时，司法和仲裁机构会引用某一国际贸易惯例来进行判决或裁决。

《通则》对具体的国际货物买卖合同的作用在于对合同双方当事人权利和义务的调整和规范。但是应该注意：《通则》并不能调整合同双方就合同产生的所有权利和义务，其调整范围非常有限，主要包括货物的交付、进出口手续的办理、风险的转移、费用的划分和部分通知义务的履行等问题，而对于其他问题，如所有权的转移、合同的生效、变更、解除与修改、违约责任等则没有规定。

对于在《通则》中没有规定的法律问题，必须依赖于其他规定来调整，如合同当事人的约定和合同所适用的法律。如果一个国际货物买卖合同适用了2020年《通则》的规定，则合同的约定、合同所适用的法律以及2020年《通则》将同时对合同产生调整效力，共同决定双方当事人的权利和义务。

第三节　适合水上运输方式的贸易术语

本节介绍适合水上运输方式的四种贸易术语（FAS、FOB、CFR、CIF），主要从"贸易术语的含义""买卖双方的义务""理解及使用贸易术语时应注意的问题"等方面展开。

一、FAS术语

（一）FAS术语的含义

FAS的英文全称是Free Alongside Ship（named port of shipment），中文意思是装运港船边交货（指定装运港）。在FAS条件下，卖方负责把货物交到装运港码头买方指定船只的船边，买卖双方的风险、责任和费用均以此为界，以后一切风险和费用均由买方承担。在对外贸易中，当卖方不愿承担货物的实际出口责任，或者货物在装船方面有特殊困难时，往往采取船边交货条件，以便使自己免除某些义务。

（二）买卖双方的义务

1.卖方的义务

（1）在合同规定的时间和装运港，将合同规定的货物交到买方所派船只的旁边，并及时通知买方。

（2）承担交货装运港船边的一切费用和风险。

（3）自负费用和风险，取得出口许可证和其他官方文件，并办理货物出口的一切海关手续。

（4）提交商业发票或具有同等作用的电子信息，并自负费用提供通常的交货凭证。

2.买方的义务

（1）订立从指定装运港运输货物的合同，支付运费，并将船名、装货地点和要求装货的时间及时通知卖方。

（2）在合同规定的时间、地点受领货物，并支付货款。

（3）承担受领货物后发生的一切费用和风险，包括装船费、从装运港到目的港的运输、保险及其他费用。

（4）自负费用和风险，取得进口许可证和其他官方文件，并办理货物进口的一切海关手续。

（三）理解及使用FAS术语时应注意的问题

（1）2020年《通则》与《1990年美国对外贸易定义修订本》的FAS术语不同。后者规定的FAS是Free Along Side，即在运输工具旁交货，适用于各种运输工具，而2020年《通则》中的FAS是指在装运港船边交货。

（2）注意船货衔接，买方必须把船名、交货地点、时间及时通知卖方。卖方货抵船边后，应通知买方。

二、FOB术语

（一）FOB术语的含义

FOB的英文全称是Free on Board（named port of shipment），中文意思是装运港船上交货（指定装运港）。在FOB条件下，卖方负责办理出口清关手续，在合同规定的日期或期限内，在指定的装运港将符合合同规定的货物装到买方指定的船上，并负担货物装上船为止的一切费用和货物灭失或损坏的风险。

（二）买卖双方的义务

1.卖方的义务

（1）按时交货，并发已装船通知。

（2）办理出口结关手续。

（3）负担货到装运港装上买方所派船只为止的一切费用与风险。

（4）提交约定的各项单证或电子信息。

2.买方的义务

（1）按时租船订舱并支付运费，发船名等充分通知。

（2）办理进口结关手续。

（3）负担货到装运港装上船后的一切费用与风险。

（4）领货付款。

另外，买方有时委托卖方代为租船订舱，但即使这样，风险和费用仍由买方承担。

卖方可以接受代买方租船订舱的委托，但须向买方声明："卖方如到时租不到船或订不到舱位，与卖方无关，买方无权撤销合同，也无权向卖方索赔"。

（三）理解及使用FOB术语时应注意的问题

（1）FOB术语后要明确装运港。

（2）交货点在装运港船上。

（3）风险划分点以"是否装上船"为界。

（4）费用划分点以装船为界。

（5）买卖双方分别报关。

（6）买方发"充分通知"，包括船名、装船时间。

（7）注意船货衔接。

（8）卖方在装船后发"及时通知"。

（9）只适用于海运或内河航运。

（10）注意装船费的负担。在FOB条件下，装船费的负担主要通过FOB术语的变形来确定。

①FOB班轮条件（FOB Liner Term）：装船费用由支付运费的买方负担。

②FOB吊钩下交货（FOB Under Tackle）：从货物被轮船吊钩起吊开始的装船费用由买方负担。

③FOB船上交货并理舱（FOB Stowed）：卖方负担将货物装入船舱并包括理舱费在内的装船费用。

④FOB船上交货并平舱（FOB Trimmed）：卖方负担将货物装入船舱并包括平舱费在内的装船费用。

⑤FOB船上交货并平舱、理舱（FOB Stowed and Trimmed）：卖方负担将货物装入船舱并包括理舱、平舱费在内的装船费用。

三、CFR术语

（一）CFR术语的含义

CFR的英文全称是Cost and Freight（named port of destination），中文意思是成本加运费（指定目的港）。在CFR条件下，卖方负责签订运输合同，在合同规定的装运日期或期间内将货物交至指定目的港的船上，支付运费，负担货物在装运港装上船为止的一切费用与风险。

（二）买卖双方的义务

1.卖方的义务

（1）租船订舱并支付运费，按时交货，并发已装船通知。

（2）办理出口结关手续。

（3）负担货到装运港装上船为止的一切费用与风险。

（4）提交约定的各项单证或电子信息。

2. 买方的义务

（1）领货付款。

（2）办理进口结关手续。

（3）负担货到装运港装上船后的一切风险。

（4）投保并支付保险费。

（三）理解及使用CFR术语时应注意的问题

（1）CFR术语后要明确目的港。

（2）交货点在装运港船上。

（3）风险划分点以"是否装上船"为界。

（4）注意运费、保费的划分。

（5）买卖双方分别报关。

（6）卖方发"及时通知"。

（7）只适用海运或内河航运。

（8）注意卸货费的负担。在CFR条件下，卸货费的负担主要通过CFR术语的变形来确定。

①CFR班轮条件（CFR Liner Term）：卸货费由卖方负担，买方不负责卸货费。

②CFR卸离吊钩（CFR Ex Tackle）：卸货费由卖方负担，卖方负责将货物从船舱吊起一直卸到吊钩所及之处。

③CFR卸到岸上（CFR Landed）：卸货费由卖方负担，包括可能涉及的驳船费、码头费在内。

④CFR舱底交货（CFR Ex Ship's Hold）：卸货费由买方负担，船到目的港在船上办理交接后，由买方自行启舱，并负担货物由舱底卸至码头的费用。

四、CIF术语

（一）CIF术语的含义

CIF的英文全称是Cost Insurance and Freight（named port of destination），中文意思是成本加保险费、运费（指定目的港）。在CIF条件下，卖方负责签订将货物运至指定的目的港的运输合同，租船订舱，支付运费，按合同规定办理保险、支付保险费。卖方负担货物在装运港装上船为止的一切风险和费用。

（二）买卖双方的义务

1. 卖方的义务

（1）租船订舱并支付运费，按时交货，并发已装船通知。

（2）办理出口结关手续。

（3）负担货到装运港装上船为止的一切费用与风险。

（4）提交约定的各项单证或电子信息。

（5）办理保险并支付保险费。

2.买方的义务

（1）领货付款。

（2）办理进口结关手续。

（3）负担货到装运港装上船后的一切风险。

（三）理解及使用CIF术语时应注意的问题

（1）CIF术语后要明确目的港。

（2）交货点在装运港船上。

（3）风险划分点以"是否装上船"为界。

（4）注意运费、保费的划分。

（5）买卖双方分别报关。

（6）只适用海运或内河航运。

（7）具有象征性交货（symbolic delivery）的特征。在CIF术语下交货的重要特点之一就是卖方按期在约定的地点完成装运，向买方提交有关单证，只要单据齐全（主要是提单、保险单和商业发票）和正确（符合合同要求），就算履行了交货义务，而无须保证到货。因此，按CIF单据达成的交易可以认为是一种典型的"单据买卖"和"象征性交货"，即卖方凭单交货，买方凭单付款。

（8）卖方投保最低责任险110%。《通则》规定卖方必须按照合同规定，自付费用取得货物保险，并向买方提供保险单或其他保险证据，以使买方或任何其他对货物具有保险利益的人有权直接向保险人索赔。保险合同应与信誉良好的保险人或保险公司订立，在无相反明确协议时，应按照《伦敦保险协会货物保险条款》或其他类似条款中的最低保险险别投保。应买方要求，并由买方负担费用，卖方应加投战争、罢工、暴乱和民变险，如果能投保的话。最低保险金额应包括合同规定价款另加10%（即110%最低责任险），并应采用合同货币。

（9）注意卸货费的负担。在CIF条件下，卸货费的负担主要通过CIF术语的变形来确定。

①CIF班轮条件（CIF Liner Term）：卸货费用按班轮条件处理，由支付运费的卖方负担。

②CIF卸离吊钩（CIF Ex Tackle）：卖方负担将货物从舱底吊至船边卸离吊钩为止的费用。

③CIF卸到岸上（CIF Landed）：卖方负担将货物卸到目的港岸上的费用，包括驳船费和码头费。

④CIF舱底交货（CIF Ex Ship's Hold）：买方负担将货物从舱底起吊卸到码头的费用。

五、FOB、CFR、CIF比较

（1）相同点：交货都在出口国的装运港；风险划分都以货物在装运港装上船为界；凭合

格单据证明已完成交货，都具有象征性交货的特点。

（2）不同点：三种贸易术语的区别主要体现在运输、保险手续的办理及相应费用的承担上。在FOB条件下，运输、保险的办理及相应费用都由买方承担；在CFR条件下，运输的办理及相应费用由卖方承担，保险的办理及相应费用由买方承担；在CIF条件下，运输、保险的办理及相应费用都由卖方承担。

案例阅读　有关贸易术语的争议及解决

（1）A公司以FOB条件出口一批服装，买方要求A公司代为租船，费用由买方负担。由于A公司在约定日期内无法租到合适的船，且买方不同意更换条件，以致延误了装运期，买方以此为由提出撤销合同。

按照惯例，FOB条件下卖方不负责租船订舱和保险，但是在实际业务中，卖方可以接受委托代办租船订舱或投保，但这纯属代办，如卖方未能完成委托，买方不得因此向卖方提出任何异议或借以撤销合同。所以，卖方应据此要求继续履行合同，但考虑到长远利益，卖方应与买方尽力协调，使货物尽快运送到目的地，减少买方的损失；适当降低价格，缓和买方情绪；讲明事情原委，消除买方误解；量力而为。

（2）我国某公司以CFR条件进口一批服装，在约定日期未收到卖方的已装船通知，却收到卖方要求该公司支付货款的单据。此后我方接到货物，经检验，部分货物在运输途中因海上风险而丢失。

根据一般的国际贸易惯例以及有些国家（地区）的法律规定，CFR条件下如果卖方未向买方及时发出装船通知，致使买方未能办理货物保险，那么，货物在海运途中的风险被视为卖方负担。换言之，如果货物在运输途中遭受损失或灭失，由于卖方未发出装船通知而使买方漏保，卖方就不能以风险在货物装上船后转移给买方为由免除责任。

此案例中我方应向卖方索赔。

（3）买卖双方按CIF贸易术语出口。卖方按合同的规定装船完毕后取得包括提单在内的全套装运单据。但是，载货轮船在启航后第二天就触礁沉没，买方闻讯后提出拒收单据，拒付货款。

CIF合同的重要特点之一就是：只要单据齐全（主要是提单、保险单和商业发票）和正确（符合合同要求），卖方提交单据即推定为履行交货义务，买方凭单据履行付款义务。

（4）买卖双方按CIF条件签订了一笔纺织品的交易合同。在合同规定的装运期内，卖方备妥了货物，安排好了从装运港到目的港的运输事项。在装船时，卖方考虑到从装运港到目的港距离较近，且风平浪静，不会发生什么意外，因此没有办理海运货物保险。实际上，货物也安全及时抵达目的港，但卖方所提交的单据中缺少了保险单，买方因市场行情发生了对自己不利的变化，就以卖方所交的单据不全为由，要求拒收货物拒付货款。

在CIF象征性交货方式下，卖方是凭单交货，买方是凭单付款。如果卖方提交的单据不符合要求，即使货物完好无损地运达目的地，买方仍有权拒绝付款。

第四节　适合各种运输方式的贸易术语

本节介绍适合各种运输方式的贸易术语（EXW、FCA、CPT、CIP、DAP、DPU、DDP），主要从"贸易术语的含义""买卖双方的义务""理解及使用贸易术语时应注意的问题"等方面展开。

其中，FCA、CPT、CIP属于向承运人交货的贸易术语，它们分别从FOB、CFR、CIF三种传统术语中发展而来，其责任划分的基本原则相同，都是单据买卖、象征性交货。这六种术语常用于贸易实践，其区别主要体现在运输方式、交货点和风险转移点的划分、租船运输时装卸费用的负担、运输单据等方面（表7–1）。DAP、DPU、DDP则属于在指定目的地交货的贸易术语。

表7–1　FOB、CFR、CIF、FCA、CPT、CIP的区别

术语不同点	FOB、CFR、CIF	FCA、CPT、CIP
适用的运输方式	仅适用于海运和内河运输，承运人一般为船公司	适用于各种运输，承运人因运输方式不同而有多种情况
交货点和风险转移点	交货点在装运港船上，风险划分点是装运港货物装上船	交货点和风险划分点因运输方式不同而有多种情况
租船运输时装卸费用的负担	贸易合同中要采用贸易术语变形加以确定装卸费用负担	运费中包含装货费或卸货费，贸易合同中无须采用术语变形
运输单据	卖方一般要提交"清洁已装船"提单	运输单据因运输方式不同而有多种情况，如海运提单、内河运单、铁路运单、公路运单、航空运单、多式运输单据

一、EXW术语

（一）EXW术语的含义

EXW的英文全称是Ex Works（named place of delivery），中文意思是工厂交货（指定交货地点）。在EXW条件下，卖方在其所在处所（工厂、工场、仓库等）将货物提供给买方时，即履行了交货义务，除非另有约定，卖方不负责将货物装上买方备妥的车辆，也不负责出口清关，买方要负担自卖方所在处所提取货物后至目的地的一切费用和风险，这是卖方责任最小的一种术语。若买方无法办理出口手续，应使用FCA术语。

（二）买卖双方的义务

1. 卖方的义务

（1）在合同规定的时间、地点，将合同要求的货物置于买方的处置之下。

（2）承担将货物交给买方处置之前的一切费用和风险。

（3）提交商业发票或具有同等作用的电子信息。

2. 买方的义务

（1）在合同规定的时间、地点，受领卖方提交的货物，并按合同规定支付货款。

（2）承担受领货物之后的一切费用和风险。

（3）自负费用和风险，取得出口和进口许可证或其他官方批准文件，并办理货物出口和进口的一切海关手续。

二、FCA术语

（一）FCA术语的含义

FCA的英文全称是Free Carrier（named place of delivery），中文意思是货交承运人（指定交货地点）。在FCA条件下，卖方在规定的时间，将经出口清关的货物在指定地点交给买方指定的承运人接管，即完成了交货，并负担货物被交由承运人监管为止的一切费用和货物灭失或损坏的风险。买方必须自负费用订立从指定地点发运货物的运输合同，并将有关承运人的名称、要求交货的时间和地点，充分地通知卖方；负担货交承运人后的一切费用和货物灭失或损坏的风险；负责按合同规定收取货物和支付价款。

FCA是在FOB的基础上发展起来的，适用于各种运输方式，特别是集装箱和多式运输的一种术语。

（二）买卖双方的义务

1. 卖方的义务

（1）按时将货交给指定的承运人，并发及时通知。

（2）办理出口结关手续。

（3）负担货交承运人前的一切费用与风险。

（4）提交通常单据或电子信息。

2. 买方的义务

（1）订立自指定地点到目的地的运输合同，并支付运费，投保，支付保险费，发承运人名称等充分通知。在实际交易中，如果买方提出请求，或如果按照商业惯例，在与承运人订立运输合同时需要卖方提供协助的话，卖方可代为安排运输。但注意，有关费用和风险由买方负担。

（2）办理进口结关手续。

（3）负担货交承运人后的一切费用及风险。

（4）领货付款。

（三）理解及使用FCA术语时应注意的问题

（1）FCA术语后要指定地点。

（2）交货点在承运人的运输工具上或承运人控制下。

（3）风险划分点以指定地点完成交货或货交承运人为界。

（4）注意运费、保费等费用的划分。

（5）买卖双方分别报关。

（6）买方发"充分通知"。

（7）卖方可为买方代办运输。

（8）卖方发"及时通知"。

（9）适用于各种运输方式。

（四）FCA与FOB比较

（1）相同点：买卖双方风险、责任、费用划分的原则基本相同。

（2）不同点：在风险的划分上，FOB以货物装上船为界，FCA以货交承运人为界。FOB交货地点在装运港船上，FCA交货地点在承运人的运输工具上。FOB只适合海运、内河运输，FCA适合各种运输方式及组合。

三、CPT术语

（一）CPT术语的含义

CPT的英文全称是Carriage Paid to（named place of destination），中文意思是运费付至（指定目的地）。在CPT条件下，卖方支付货物从指定地点运至目的地的运费。在货物被交由（第一）承运人保管时，货物灭失或损坏的风险即从卖方转移至买方，买方负责由于货物交给承运人后发生的事件引起的额外费用；卖方负责办理出口清关手续，并支付有关费用和税捐。

（二）买卖双方的义务

1.卖方的义务

（1）订立自指定地点到目的地的运输合同，并支付运费，按时将货交给承运人，并发及时通知。

（2）办理出口结关手续。

（3）负担货交承运人前的一切风险。

（4）提交通常单据或电子信息。

2.买方的义务

（1）办理进口结关手续。

（2）负担货交承运人后的一切风险。

（3）领货付款。

（4）投保并支付保险费。

（三）理解及使用CPT术语时应注意的问题

（1）CPT术语后要明确指定目的地。

（2）交货点在承运人的运输工具上。

（3）风险划分点以指定地点完成交货或货交承运人为界。

（4）注意运费、保费等费用的划分。

（5）买卖双方分别报关。

（6）卖方发"及时通知"。

（7）适用于各种运输方式。

（四）CPT与CFR比较

（1）相同点：基本原则相同。例如，风险在交货地转移；卖方订立运输合同并支付运费，买方投保并支付保险费；风险划分点与费用划分点分离；同属装运合同。

（2）不同点：适用的运输方式不同；风险划分不同，CFR以货物装上船为界，CPT以货交承运人为界；交货地点不同，CFR在装运港船上，CPT在承运人的运输工具上。

四、CIP术语

（一）CIP术语的含义

CIP的英文全称是Carriage and Insurance Paid to（named place of destination），中文意思是运费、保险费付至（指定目的地）。在CIP条件下，卖方自负费用签订将货物运至指定目的地的运输合同，负责办理货物运输保险并支付保险费，在规定时间将货物交给承运人或第一承运人接管，并及时通知买方，即完成交货。

（二）买卖双方的义务

1.卖方的义务

（1）订立自指定地点到目的地的运输合同，并支付运费，按时将货交给承运人，并发及时通知。

（2）办理出口结关手续。

（3）负担货交承运人前的一切风险。

（4）提交通常单据或电子信息。

（5）投保并支付保险费。

2.买方的义务

（1）办理进口结关手续。

（2）负担货交承运人后的一切风险。

（3）领货付款。

（三）理解及使用CIP术语时应注意的问题

（1）CIP术语后要明确指定目的地。

（2）交货点在承运人的运输工具上。

（3）风险划分点以指定地点完成交货或货交承运人为界。

（4）注意运费、保费等费用的划分。

（5）买卖双方分别报关。

（6）卖方发"及时通知"。

（7）卖方投保最低责任险110%。

（8）适用于各种运输方式。

（四）风险和保险

货物运输途中的风险属于买方，但保险责任由卖方承担。卖方应按双方约定的险别、保险额投保；若无约定，卖方按最低责任险投保，最低保险金额为合同价款加成10%，并以合同货币投保。

（五）CIF与CIP比较

（1）相同点：价格构成的原则相同；同属装运合同；风险在装运地转移；风险划分点和费用划分点分离。

（2）不同点：适用的运输方式不同；风险划分不同，CIF以货物装上船为界，CIP以货交承运人为界；交货地点不同，CIF的交货地点在装运港船上，CIP的交货地点在承运人的运输工具上。

五、DAP术语

（一）DAP术语的含义

DAP的英文全称是Delivered at Place（named place of destination），中文意思是在目的地交货（指定目的地）。在DAP条件下，卖方要在合同约定的日期或期限内，将货物运到合同规定的目的地的约定地点，并将货物置于买方控制下，在卸货之前即完成交货。卖方提交商业发票以及合同要求的其他单证。

（二）买卖双方的义务

（1）风险转移：以买方在合同约定的目的地控制货物作为风险转移的界限。

（2）通关手续：买卖双方各自办理进口、出口手续并承担相应费用。

（3）运输和保险：卖方负责订立运输合同并支付运费，买方负责订立保险合同并支付保险费。

（4）主要费用的划分：卖方承担在交货地点交货前所涉及的各项费用，买方承担在交货地点交货后所涉及的各项费用。

（三）理解及使用DAP术语时应注意的问题

DAP交货地点的范围较宽，可以是两国边境的指定地点，也可以是在目的港的船上，还可以是在进口国内的某一地点。无论是哪种情形，卖方不负担卸货费和进口通关的费用及关税。

六、DPU术语

（一）DPU术语的含义

DPU的英文全称是Delivered at Place Unloaded（named place of destination），中文意思是目的地卸货后交货（指定目的地）。在DPU条件下，卖方在合同约定的日期或期限内将货物运到合同规定的港口或目的地的约定地点，并将货物从抵达的载货运输工具上卸下，交给买方处置时即完成交货。DPU与DAP的区别主要为交货时，卖方是否需要从载货运输工具上卸下。

（二）理解及使用DPU术语时应注意的问题

须注意DPU与DAP在交货方面的区别，即在使用DPU术语条件时，除了将货物运到合同规定的港口或目的地的约定地点，还须将货物从抵达的载货运输工具上卸下。

七、DDP术语

（一）DDP术语的含义

DDP的英文全称是Delivered Duty Paid（named place of destination），中文意思是完税后交货（指定目的地）。在DDP条件下，卖方在合同约定的日期或期限内，将货物运至合同指定地点，并办理货物进口清关手续，可供买方收取时即履行交货义务。卖方负担货物交至该处的一切风险和费用（包括关税和其他费用）。

（二）理解及使用DDP术语时应注意的问题

（1）DDP是2020年《通则》11种贸易术语中卖方承担风险、责任和费用最大的一种术语。

（2）DDP术语适用于各种运输方式。

（3）如卖方不能直接或间接取得进口许可证，则不应使用DDP。如果双方希望买方承担所有进口清关的风险和费用，则应采用DAP术语。

第五节　贸易术语的总结与选用

一、贸易术语总结

（一）2020年《通则》贸易术语总结

2020年《通则》中的11种贸易术语，在风险界限、交货地点、运输、保险、报关、运输方式等方面各有不同（表7-2）。其中，卖方责任最小的是EXW术语，卖方责任最大的是

DDP术语；根据交货地点和时间分为装运合同和到货合同两类，在出口国（地）交货的为装运合同，在进口国（地）交货的属于到货合同；根据交货性质，分为实际交货和象征性交货，实际交货的有 EXW、FAS、DAP、DPU、DDP，象征性交货的有 FCA、FOB、CFR、CIF、CPT、CIP，须注意，关于 FAS 术语的交货性质存在争议，业界部分人士认为是实际交货，也有部分人士认为是象征性交货；适用于任何运输方式的有 EXW、FCA、CPT、CIP、DAP、DPU 和 DDP，适用于海运及内河运输方式的有 FAS、FOB、CFR、CIF。

表7-2　2020年《通则》11种贸易术语的区别

术语	风险界限/交货地点	运输办理	保险办理	报关办理	运输方式	交货性质
EXW	工厂货交买方/商品产地、所在地	买方	买方	买方	任何	实际
FCA	起运地货交承运人/出口国内地、港口	买方	买方	分别	任何	象征
FAS	装运港船边/装运港口	买方	买方	分别	水上	实际
FOB	装运港货物装上船/装运港	买方	买方	分别	水上	象征
CFR	装运港货物装上船/装运港	卖方	买方	分别	水上	象征
CIF	装运港货物装上船/装运港	卖方	卖方	分别	水上	象征
CPT	起运地货交承运人/出口国内地、港口	卖方	买方	分别	任何	象征
CIP	起运地货交承运人/出口国内地、港口	卖方	卖方	分别	任何	象征
DAP	买方在交货地点控制货物/目的地的约定地点	卖方	买方	分别	任何	实际
DPU	买方在交货地点控制货物/目的地的约定地点	卖方	买方	分别	任何	实际
DDP	目的地货交买方/进口国内	卖方	卖方	卖方	任何	实际

（二）2020年《通则》与2010年《通则》的区别

1. 将 DAT（运输终端交货）改为 DPU（目的地卸货后交货）

这一改动更强调目的地可以是任何地方而不仅仅是"运输终端"，使其更加笼统，符合用户需求，即用户可能想在运输终端以外的场所交付货物。但若目的地不是运输终端，卖方须确保其交货地点可以卸载货物。

2. 增加 CIP 术语下的保险范围

在2010年《通则》中，CIF（成本加保险费、运费）和 CIP（运费、保险费付至）规定了卖方必须自付费用取得货物保险的责任，该保险至少应当符合《伦敦保险协会货物保险条款》条款（C）或类似条款的最低险别。在2020年《通则》中，针对保险义务，CIF 规则维持现状，即默认条款（C），但当事人可以协商选择更高级别的承保范围；而 CIP 规定卖方必须取得符合《伦敦保险协会货物保险条款》条款（A）承保范围的保险，但当事人可以协商选择更低级别的承保范围。

3.增加FCA术语下关于装船提单的规定

FCA（货交承运人）是指卖方在其所在地或其他指定地点，将货物交给买方指定的承运人或其他人。在货物海运销售中，货物在卖方运输工具上备妥待卸并置于承运人或买方指定的其他人控制之时，交货即告完成。若卖方交货时无法从承运人处获得装船提单，则影响支付。买卖双方可以约定买方指示其承运人在货物装运后向卖方签发装船提单，卖方随后方才有义务向买方（通常通过银行）提交提单。尽管国际商会意识到装船提单和FCA项下的交货存在矛盾，但这符合用户需求。

4.增加自定义运输方式的承运

FCA、DAP、DPU及DDP允许卖方／买方使用自己的运输工具。2010年《通则》中假定卖方和买方之间的货物运输将由第三方承运人进行，未考虑到由卖方或买方自行负责运输的情况。2020年《通则》中则考虑到卖方和买方之间的货物运输不涉及第三方承运人的情形，因此，在DAP（目的地交货）、DPU（目的地交货后卸货）及DDP（完税后交货）中，允许卖方使用自己的运输工具。同样，在FCA（货交承运人）中，买方也可以使用自己的运输工具收货并运输至买方场所。

5.在运输义务和费用中列入与安全有关的内容

2010年《通则》各术语的A2/B2及A10/B10中简单提及了安保要求。随着运输安全（例如对集装箱进行强制性检查）要求越来越普遍，2020年《通则》将与之相关的安保要求明确规定在了各术语的A4"运输合同"及A7"出口清关"中，因安保要求增加的成本，也在A9/B9费用划分条款中作了更明确的规定。

二、贸易术语选用

在外贸实践中，FOB、CFR、CIF最为常用。因为这三种贸易术语产生时间最早，最为人们熟悉和习惯使用；买方和卖方一般都不愿意承担在对方国家（地区）内所发生的风险，而这三种贸易术语下买卖双方的风险划分点与关境界限基本一致；这三种贸易术语下买卖双方不必到对方国家（地区）办理货物的交接，对买卖双方比较有利。

在实际业务中，总体来讲，在出口业务中采用CIF或CFR术语成交要比采用FOB有利。因为在CIF条件下，国际货物买卖中涉及的三个合同（买卖合同、运输合同和保险合同）都由卖方作为当事人，其可根据情况统筹安排备货、装运、投保等事项，保证作业流程上的相互衔接。另外，有利于发展本国（地区）的航运业和保险业，增加服务贸易收入。

思考题 >>>

（1）贸易术语的含义、性质及在国际贸易中的作用。

（2）CIF合同的性质、特点和对"象征性交货"的理解。

（3）案例分析：内陆地区产品出口中贸易术语的选择。

我国某内陆服装出口公司于2020年2月向日本出口3万件童装，每件售价40美元，FOB新港，共120万美元，装运期为2月25日之前，货物必须装集装箱。该出口公司在天津设有办事处，于是在2月上旬将货物运到天津，由天津办事处负责订箱装船。不料货物在天津存仓后的第二天，仓库午夜着火，抢救不及，3万件童装全部被焚。办事处立即通知公司总部并要求尽快补发3万件，否则无法按期装船。结果该出口公司因货源不济，只好要求日商将装运期延长15天，日商同意但提出价格下降5%，经双方协商，最终降价3%。

2020年5月，美国某贸易公司（即进口方）与我国内陆某进出口公司（即出口方）签订合同购买一批女装，价格条件为CIF LOS ANGELES，支付条件为不可撤销跟单信用证，出口方需要提供已装船提单等有效单证。出口方随后与宁波某运输公司（即承运人）签订运输合同。8月初出口方将货物备妥，装上承运人派来的货车。途中由于驾驶员的过失发生车祸，耽误了时间，错过了信用证规定的装船期。得到发生车祸的通知后，我出口方即刻与进口方洽商要求将信用证的有效期和装船期延长半个月。美国进口方回电称同意延期，但要求货价降5%。我出口方回电据理力争，但进口方坚持要求降价。最终我出口方还是做出让步，降价1.5%，为此受到货价、利息等有关损失共计达15万美元。

问题：基于上述两个案例，思考内陆地区产品出口中选择贸易术语时需要考虑的因素，比较FOB、CFR和CIF三种贸易术语与FCA、CPT、CIP三种贸易术语在内陆地区产品出口中的缺点和优点。

08

第八章

>> 品质、数量与
包装条款

国际贸易中货物的品质、数量、包装是主要的交易条件，关系到买卖双方的切身利益。品质条款、数量条款、包装条款是国际货物买卖合同的主要条款。货物的品质和数量约定是履行合同的依据。货物包装，无论是在运输环节还是销售环节都具有重要的作用。

第一节　品质条款

品质指货物质量，是货物的外观形态和内在质量的综合表现，是构成货物说明的重要组成部分。

一、约定品质条款的意义

合同中的品质条件不仅是构成货物说明的重要组成部分，也是买卖双方交接货物的主要依据。《公约》规定：卖方交货必须符合约定的质量，如卖方交货不符合约定的品质条件，买方有权要求损害赔偿，也可要求修理或交付替代货物，甚至拒收货物和撤销合同。货物最终流向生产或消费领域，货物品质优劣关系到生产安全和消费质量。提高质量，以质取胜是非价格竞争的重要组成部分。同时，在国际市场竞争日益激烈的环境下，提升货物品质也是提高商品国际竞争力的重要手段。

二、货物品质的表示方法

（一）用实货表示

1.看货买卖

看货买卖通常是先由买方或其代理人在卖方所在地验看货物，达成交易后，卖方即应按验看过的货物交付，且买方不得对品质提出异议。

这种方法在实际中较少采用，多在寄售、拍卖和展卖业务中采用。

2.凭样品买卖

凭样品买卖是以样品表示成交货物质量并以此作为交货依据。（根据样品提供方的不同，可将样品分为：卖方样品、买方样品、对等样品。）其中，卖方根据买方提供的样品加工复制出类似样品，经买方确认之后被称为"对等样品"或"回样"。

（二）用说明表示

1.凭规格买卖

货物规格是指一些足以反映货物品质的主要指标，如化学成分、含量、纯度、性能、容量、长短、粗细等。凭规格买卖简单易行、明确具体，在国际贸易中使用最为广泛。如电池，从1号到5号，长短粗细及电容量都不相等。某种特定的规格适应特定的用途，一般不能混用。

2.凭等级买卖

凭等级买卖指同一类货物，按规格的差异，分为品质优劣不相同的若干等级。不同等级的货物具有不同的规格，在品质条款列明等级的同时，最好一并规定每一等级的具体规格。凭等级买卖可以简化手续，体现按质论价。

例如，服装类货物的质量等级分为：优等品、一等品和合格品。一般来说，等级越高色牢度越高，越不容易掉色、染色。服装类货物还有安全技术类别的划分，GB 18401—2010《国家纺织产品基本安全技术规范》根据纺织品服装的甲醛含量、pH值、色牢度、可分解致癌芳香胺染料等，将其安全类别划分为A、B、C三个级别。婴幼儿用品应当符合A类产品的技术要求，包括年龄在36个月以内的婴幼儿穿着或使用的纺织产品，如尿布、内衣、袜子、外衣、帽子、床上用品等；直接接触皮肤的服装应符合B类产品的技术要求，即在穿着或使用时，产品的大部分面积直接与人体的皮肤接触的纺织产品，如文胸、腹带、短裤、棉毛衣裤、衬衣、（夏天）裙子、（夏天）裤子、袜子、床单；非直接接触皮肤的服装应符合C类产品技术要求，即在穿着或使用时，产品不直接与人体皮肤接触或仅有小部分面积直接与人体皮肤接触的纺织产品，如外衣、裙子、裤子、窗帘、床罩、墙布、填充物、衬布。

3.凭标准买卖

凭标准买卖指买卖双方在交易中以货物的标准来表示其品质。货物的标准是将货物的规格和等级予以标准化。在采用ISO等国际标准时，应注意载明所采用标准的年份和版本。

在国际贸易中，一般倾向于按已经被广泛接受的标准进行交易。根据标准适用的范围和地域的不同可分为国际标准、国家（地区）标准、行业标准和企业标准。常用的工业品国家标准有：法国标准（NF）、德国工业标准（DIN）、英国标准协会标准（BSI）、日本工业标准（JIS）。

4.凭商标或品牌买卖

国际上知名品牌较多采用。商标或品牌本身实际上是一种品质象征。如果一种品牌的货物有许多种型号或规格，明确起见，必须订明型号和规格。

5.凭说明书和图样买卖

在国际贸易中，电器、仪表、机器等，因其结构复杂，数据较多，很难用简单的指标来反映品质，需要采用说明书和图样来表示货物的品质。

6.凭产地名称或地理标志买卖

在国际货物买卖中，有些产品因产区的自然条件、传统加工工艺等因素的影响，在货物品质方面具有其他产区的产品所不具有的独特风格和特色，对于这类产品，一般也可用产地名称来表示货物品质。如景德镇陶瓷、西湖龙井、长白山人参等。"地理标识"指识别一货物来源于一成员领土或该领土内一地区或地方的标识，该货物的特定质量、声誉或其他特性主要归因于其地理来源。1993年12月15日通过的《与贸易有关的知识产权协定》是世界贸易组织体系下的一个重要国际公约。该公约第三节明确了"地理标志"的概念，并规定了全球保护的最低标准。

三、国际货物买卖合同中的品质条款

（一）品质条款的内容

品质条款主要对货物质量、规格、等级、标准、牌号等作具体规定。

（二）品质机动幅度的约定

品质机动幅度的三种表示方法：

（1）约定一定幅度的品质公差（quality tolerance）。品质公差指工业制成品的质量指标在国际上公认的合理误差范围内，是国际同行业所公认的或买卖双方认可的产品品质的差异。

（2）约定交货品质的机动幅度。主要是约定差异范围，即约定上下极限。

（3）约定交货品质与样品大体相同或相似。

为了体现按质论价，在采用交货品质允许有一定的机动幅度的情况下，对某些货物也可根据实际交货品质调整价格，即在合同中加订品质增减价条款：对机动幅度内的品质差异，可按交货实际品质规定予以增价或减价；只对品质低于合同规定者扣价，高于合同规定者却不增加价格。

（三）订立品质条款的注意事项

（1）合理选用表示品质的方法。一般不宜同时采用两种或两种以上的表示方法，特别是同时采用凭规格和凭样品成交。

（2）品质机动幅度的规定需明确具体。

（3）其他。防止约定的品质条件出现偏高或偏低现象；合理选定影响品质的质量指标；注意进口国的有关法令规定；注意各项质量指标间的内在联系和相互关系；力求约定的品质条款明确、具体。

第二节　数量条款

一、约定数量条款的意义

货物数量是指对合同标的物的计量，是以数字和计量单位来表示标的物的尺度，主要表现为一定的重量、数量、长度、体积等。

交易双方约定的数量，是交接货物的法律依据，也是衡量合同当事人权利、义务大小的尺度。因此，《公约》把货物数量作为构成有效发盘内容不可缺少的三大要素之一。《公约》还规定按约定数量交货是卖方的一项基本义务，如卖方未在期限交货，或交货数量少于约定数量，买方有权提出损害赔偿要求。

二、货物数量的表示方法

（一）计量单位

公制、英制、美制和国际单位制为国际贸易中的度量衡制度。《中华人民共和国计量法》规定，国际单位制和国家选定的其他计量单位为国家法定计量单位。

例如，重量计量：公吨（MT）、长吨（LT）、短吨（ST）、千克（KG）；数量计量：件、双、套、打；长度计量：米、英尺、码；面积计量：平方米、平方英尺；体积计量：立方米、立方英尺；容积计量：公升（L）、加仑（G）、蒲式耳（B）。

（二）计重方法

1.毛重（gross weight）

货物本身重量加包装的重量，适用于低值货物。

2.净重（net weight）

货物本身重量，即除去其包装后的实际重量。有些低值的农产品或其他产品，有时也采用"以毛作净"的办法计重。

3.公量（conditioned weight）

公量指用科学方法抽去货物中的水分，再加上标准含水量所得的重量，适用于价值较高而水分含量不稳定的货物。如棉花、羊毛、生丝等有比较强的吸湿性，所含的水分受客观环境的影响较大，其重量也就很不稳定。为了准确计算这类货物的重量，国际上通常采用按公量计算。因此，在纺织品服装贸易中，要特别注意公量的使用。特别是羊毛、生丝类产品，其价值高又易回潮。公量的公式：

公量＝干量＋标准含水量＝实际重量×（1＋标准回潮率）/（1＋实际回潮率）

4.理论重量（theoretical weight）

从货物的规格中推算出的重量。用于某些有固定和统一规格的货物，其形状规则、密度均匀，每一件的重量大致相同，可以从其件数推算出总量，如钢板、铝锭等。

5.法定重量（legal weight）

海关征收从量税的计税基础。即净重加上直接接触货物的外包装重量。

三、国际货物买卖合同中的数量条款

（一）数量条款的内容

一般包括成交数量、计量单位和计量方法、数量机动幅度条款（溢短装条款）。

（1）数量：10000箱。

（2）数量：10000公吨，5%增减，由买方选择；增减部分按合同价格计算。

（二）数量机动幅度的规定

在国际货物买卖中，为了使交货数量具有一定范围内的灵活性和便于履行合同，买卖双方可在合同中合理规定数量机动幅度，即使用数量机动幅度条款，又称"数量增减条款"或

"溢短装条款（more or less clause）"。

例　1000公吨，4%增减，由买方选择；增减部分按合同价格计算。

（1）数量机动幅度的内容：可溢装或短装的百分比；溢短装的选择权；溢短装部分的作价；规定机动幅度的方法。其中，一般规定由负责安排运输一方行使溢短装的选择权。机动幅度的规定方法有两种情况：一是合同中明确具体地规定数量的机动幅度，即在规定具体数量的同时，再在合同中规定允许多装或少装的一定的百分比；二是合同中未明确规定数量机动幅度，但在交易数量前加上"约"字。要注意，按照《跟单信用证统一惯例》，如果有"约""大约""大概"或类似的词语用于数量时，要在不超过信用证金额总金额的范围内，数量有不超过10%的增减幅度。

（2）订好机动幅度的注意事项：幅度大小合理；选择权规定要合理；溢短装数量计价要合理。

（3）数量机动幅度的适用货物：主要适用于矿砂、化肥、食糖等散装的、数量较大的、不易控制的货物。

（三）订立数量条款的注意事项

一是明确数量，一般不宜采用大约、大概等；二是明确单位；三是合理规定数量机动幅度。

第三节　包装条款

一、约定包装条款的意义

货物的包装是指为了有效保护货物品质的完好和数量的完整，采用一定的方法将货物置于合适容器的一种措施。包装是货物说明的组成部分，是国际贸易的主要交易条件之一。《公约》规定卖方交付的货物必须按照同类货物通用的方式装箱或包装，如果没有通用方式，则按照足以保全货物的方式装箱或包装。许多国家（地区）的法律规定，如卖方交付的货物未按约定条件包装，或者包装不符合行业习惯，买方有权拒收货物。

二、包装的分类

根据包装在流通中所起的作用，将包装分为运输包装和销售包装。运输包装的主要作用在于保护货物和防止出现货损货差，销售包装除了有保护货物的作用，还有促销等功能。

（一）运输包装

运输包装又叫外包装、大包装，作用主要是保护货物、方便储运和节省费用。运输包装根据包装方法的不同，可分为单件运输包装和集合运输包装两大类。运输包装标志包括运输标志（shipping mark）、指示性标志（indicative mark）、警告性标志（warning mark）。运输标志又称唛头，是一种识别标志，通常由一个简单的几何图形和一些字母、数字及简单的文字组成。指示性标志是以简单、醒目的图形和文字在包装上标出，提示人们在装卸、运输和保管的过程中注意的事项，是一种操作注意标志。警告性标志又称危险品标志，以图形及文字表示，用来说明货物是易燃、易爆等危险性货物。

（二）销售包装

销售包装又称内包装、小包装，是直接接触货物并随货物进入零售点和消费者直接见面的包装。销售包装是产品生产过程的最后环节，只有进行了销售包装，生产过程才算完成，才能进入流通领域和消费领域。包装的主要作用是保护货物、方便使用及促进销售。在销售包装上，一般都附有装潢画面和文字说明，并印有条形码的标志。国际上通用的条码种类有UPC码（美国统一代码委员会编制）和EAN码（国际物品编码协会编制）。EAN码由12位产品代码和1位校验码构成，前3位为国别（地区）码，中间4位数字为厂商号，后5位数字为产品代码。

三、中性包装和定牌生产

中性包装和定牌生产是国际贸易的习惯做法，其目的是打破关税和非关税壁垒以及适应交易的特殊需要。

（一）中性包装

中性包装是指既不标明生产国别、地名和厂商名称，也不标明商标或品牌的包装。中性包装包括无牌中性包装与定牌中性包装两种类型，前者指包装上既无生产地名和厂商名称，又无商标、品牌；后者指包装上仅有买方指定的商标或品牌，但无生产地名和出口厂商的名称，是将中性包装与定牌生产相结合的一种包装方式。

（二）定牌生产

定牌生产是指卖方按买方要求在其出售的货物包装上标明买方指定的商标或牌号的做法。

当前，世界许多国家（地区）的超级市场、大百货公司和专业商店，对其经营出售的货物，都要在货物上或包装上标有本商店使用的商标或品牌，以扩大本店知名度和显示该货物的身价。许多国家（地区）的出口厂商，为了利用买主的经营能力及其商业信誉和牌名声誉，提高货物售价和扩大销路，也愿意接受定牌生产。

我国出口贸易中的定牌生产主要有以下几种情形：一是采用定牌中性包装，即只用买方所指定的商标或品牌，而不标明生产国别和出口厂商名称；二是标注我国的商标或品牌，同时加注国外商号名称或其标记；三是标注买方指定的商标并标明"中国制造"字样。

四、国际货物买卖合同中的包装条款

（一）包装条款的内容

包装条款是买卖合同的主要条款。各国法律规定买卖双方对包装条款一经确定，卖方所交货物的包装必须符合合同的约定。包装条款主要包括包装材料、包装方式、包装规格、包装费用和运输标志等内容。包装费用一般包括在货价之中，不另计收。

例　（1）每件装一塑料袋，半打为一盒，十打装一木箱。

（2）单层新麻袋，每袋约50千克。

（二）订立包装条款的注意事项

一是考虑货物特点及运输方式；二是包装的规定要明确具体，不宜采用"海运包装""习惯包装"等术语；三是唛头一般由卖方决定；四是包装费用的负担要明确；五是正确运用中性包装和定牌生产。

思考题 ━━━━━━━━━━━━━━━━━━━━━━━ >>>

（1）为什么要在国际货物买卖合同中规定数量机动幅度条款？数量机动幅度是如何规定的？

（2）简述销售包装在国际货物买卖中的作用。为了打破关税和非关税壁垒以及适应交易的特殊需要，销售包装有哪些习惯做法？

（3）浙江某出口公司向日本出口一批服装。合同上写的是合格品，但到发货时才发现合格品库存告罄，于是该出口公司改以一等品交货（一等品比合格品质量好），并在发票上加注："一等品仍按合格品计价。"问题：这种以好顶次的做法是否可以？并说明原因。

（4）美国客户与上海某服装厂洽谈进口某品牌服装10000件，但要求我方改用其指定的品牌商标，并在包装上不得注明"Made in China"字样。问题：买方为何提出这种要求？我方能否接受？为什么？

（5）某纺织厂出口生丝10公吨，双方约定标准回潮率是11%，用科学仪器抽出水分后，生丝净剩8公吨。问：该纺织厂出口生丝的公量是多少？

09

第九章

>> 国际货物运输

目前，国际货物运输主要有海洋运输、铁路运输、航空运输、邮包运输、集装箱运输、国际多式联运及大陆桥运输等方式。其中，最主要的运输方式为海洋运输。本章重点介绍海洋运输及其装运条款和运输单据。

第一节　国际货物运输方式

一、海洋运输

海洋运输的特点为运量大、运费低，航道四通八达，但速度慢，风险也较大。海洋运输是国际货物运输中最主要的运输方式，包括班轮运输和租船运输两种类型。

（一）海洋运输的种类

1. 班轮运输

班轮运输（liner transport）又称"定期船运输"，是按照预定的航行时间表，在固定的航线和港口往返航行，从事客货运输业务，并按事先公布的费率收取运费的运输方式。简单来讲，就是在一定的航线上，以既定的港口顺序往返运输货物。班轮运输适合一般杂货和小额贸易货物运输。

班轮运输具有四方面固定的特点，即固定航线、固定航期、固定停靠港口、固定费率；承运人负责货物的配载装卸，并负担费用，即"管装、管卸"，货方不再另付装卸费，船货双方也不计滞期费和速遣费。班轮运输无须签订租船合同，承托双方的权利、义务、责任和豁免以船公司签发的提单背面条款为依据。

2. 租船运输（charter transport）

租船运输又称"不定期船运输"，是指租船人向船东租赁船只运输货物，航行时间、航线、停靠港口和运费都不固定，由双方临时议定。租船运输又包括定程租船、定期租船、光船租船。

（1）定程租船：又称"航次租船"，简称"程租船"，是指船东负责将货物运至目的港并负责船舶的营运及费用。根据船舶完成一定航程的航次，分为单程航次租船、来回航次租船、连续航次租船。

（2）定期租船：简称"期租船"，是指按照一定的期限租赁船只，租期可长可短。在租船期间内，租船人可掌握并调度船只。租船期间发生的燃料费、港口费、装卸费等由租船人承担。船员薪金、伙食费及因保持船舶在租赁期间具有适航性而产生的费用（船舶的维护、修理、机器的正常运转）由船东承担。

（3）光船租船：期租船的一种，又称"净船期租船"，是指船东不负责提供船员，船长，只是将船交给租方使用，由租方自行配备船员，负责船舶的经营管理和航行各项事宜。这种方式在租船市场上较少采用。

（二）海洋运输的费用

1.班轮运费

班轮运费是按照班轮公司制定的班轮运价表计算的。班轮运费主要由基本运费和附加费构成。

（1）基本运费。确定基本费率有两种运价表：单项费率运价表和等级费率运价表。我国海洋班轮运输公司使用的是"等级运价表"。基本运费的计算标准有：按货物的毛重（重量吨）计收；按货物的体积（尺码吨）计收，重量吨和尺码吨统称运费吨；按货物重量或尺码从高计收；按货物的FOB总值计收；按货物的重量、尺码或价值三者从高计收；按货物重量或者尺码选择其高者，再加上从价运费计收；按每件货物作为一个计费单位收费；临时议定运价。

（2）附加费。附加费一般以基本运费的一定百分率计收，也有以每运费吨若干金额为基础计收的。包括：超重附加费、超长附加费、直航附加费、转船附加费、港口拥挤附加费、港口附加费、燃油附加费、选择港附加费、绕航附加费。

（3）班轮运费的计算方法。采用单项费率运价表时，按表列费率计算基本费率。采用等级费率运价表时，基本步骤如下：先根据货物的英文名称从货物分级表中查出货物的计费等级和计算标准，再从航线费率表中查出有关货物的基本费率，然后加上各项须支付的附加费率，总和即为有关货物的单位运费，最后乘以总运费吨。

2.定程租船运费

按租船合同的规定计算，包括运费、装卸费、装卸时间、滞期费和速遣费。

（1）运费。两种方式：按运费率，根据货物数量收取；整船包价，根据船舶的载货量收取整船运费，不管实际装多少货物。

（2）装卸费。装卸费规定方法：船方负责装卸，又称班轮条件；船方管装不管卸；船方管卸不管装；船方不负责装卸。必要时还应明确理舱费和平舱费由谁承担。

（3）装卸时间。租船人一定要在一定期限内完成装船作业。可以规定天数：按连续日，即24小时计算，中间没有任何折扣；按工作日，即正常工作日，休息日和假日除外；按好天气工作日，即累计24小时好天气工作日、连续24小时好天气工作日。可以规定装卸效率，例如按港口习惯快速装卸。

（4）滞期费和速遣费。滞期费是指在规定的装卸期限内，租船人未能完成装卸作业，给船方造成经济损失，租船人对超过的时间应向船方支付一定的罚金，也就是租船人超过装卸期限而向船方支付的罚款。速遣费是指在规定的装卸期限内，租船人提前完成装卸作业，使船方节省了船舶在港的费用开支，船方应向租船人就可节省的时间支付一定的奖金，也就是租船人提前完成装卸任务而得到的奖金。速遣费通常为滞期费的一半。

装卸时间、滞期费和速遣费是在程租船的运输方式下才采用的。在班轮运输方式下，不需要这三方面的规定。

3.定期租船运费

定期租船运费是指租船的租金，租金大小取决于船舶的装载能力和租期的长短。通常规定按日每载重吨若干金额或整船若干金额收取。

二、铁路运输

铁路运输的特点是运输速度快，运载量大，安全可靠，运输成本低，运输的准确性和连续性强，并且受气候因素影响较小。因此，成为仅次于海洋运输的主要运输方式，用于货物的集中和分散。但运输受到铁路轨道的限制。国际铁路货物联运要求一份统一的国际联运单据，经两国以上铁路全程运输，两国间铁路移交时不需收、发货人参加。

三、航空运输

航空运输交货迅速，包装简化，减少保险和储存费用，不受地面条件限制，但费用较高。运输方式有：班机运输、包机运输、集中托运、航空速递。航空运输的承运人是航空运输公司及航空货运代理公司，航空运输公司为实际承运人。航空运费只包括从始发机场至到达机场的运价，运费一般按照货物的实际重量（公斤）和体积重量两者之中较高者为准。

四、邮包运输

邮包运输手续简便，且费用不高。按邮局章程办理托运，一次付清邮资，取得邮政包裹收据，即完成交货。国际邮政运输是国际贸易运输不可缺少的渠道，兼有国际多式联运和"门到门"运输的性质。国际邮政运输过程一般需要经过两个或两个以上国家（地区）的邮政局和两种或两种以上不同的运输方式的联合作业才能完成。邮件一般可在当地就近向邮政局办理，邮件到达目的地后，收件人也可在当地就近邮政局提取邮件，所以邮政运输基本上可以说是"门到门"运输，它为邮件托运人和收件人提供了极大的方便。我国参加了万国邮政联盟，简称"邮联"。国际邮政运输与其他运输方式有所不同，由于邮政部门对包裹的重量和体积有严格限制，所以邮政运输只适宜运送仪器、机器零件、金银首饰、样品等零星贵重物品。

五、集装箱运输

（一）集装箱的含义

集装箱又称"货柜"或"货箱"，是具有一定的强度和刚度，供周转使用并便于机械操作和运输的大型货物容器。有杂货、冷藏、散货、开顶、柜架、罐装等种类，常用的是干杂货集装箱，也称通用集装箱。可用于海洋、铁路、公路等多种运输方式。

（二）集装箱的装箱与交接方式

1.集装箱的装箱方式

（1）整箱货：由货方在工厂或仓库进行装箱，然后直接交集装箱堆场（Container Yard，CY）等待装运，货到目的地（港）后，收货人可直接从目的地集装箱堆场提走。

（2）拼箱货：货量不足一整箱，须由承运人在集装箱货运站（Container Freight Station, CFS）负责将不同发货人的少量货物拼装在一个集装箱内，货到目的地（港）后，由承运人拆箱后分拨给各收货人。

2.集装箱的交接方式

（1）整装整交：货主在工厂或仓库把装满货后的整箱交给承运人，收货人在目的地以同样整箱接货。换言之，承运人以整箱为单位负责交接。货物的装箱和拆箱均由货方负责。

（2）拼装散交：货主将不足整箱的小票托运货物在集装箱货运站或内陆转运站交给承运人，由承运人负责拼箱和装箱，运到目的地货站或内陆转运站，由承运人负责拆箱，拆箱后，收货人凭单接货。货物的装箱和拆箱均由承运人负责。

（3）整装散交：货主在工厂或仓库把装满货后的整箱交给承运人，在目的地的集装箱货运站或内陆转运站由承运人负责拆箱后，各收货人凭单接货。

（4）拼装整交：货主将不足整箱的小票托运货物在集装箱货运站或内陆转运站交给承运人。由承运人分类调整，把同一收货人的货集中拼装成整箱，运到目的地后，承运人以整箱交，收货人以整箱接。

（三）集装箱运输的优点

1.提高装卸效率，减少营运费用

集装箱适于机械化，装卸效率高，装卸时间短。对船公司而言，可提高航行率，降低船舶运输成本；对港口而言，可以提高泊位通过能力，从而提高吞吐量，增加收入。

2.节约包装材料，降低货物成本

集装箱具有坚固、密封的特点，其本身就是一种极好的包装。使用集装箱可以简化包装，有的甚至无须包装，节省包装材料和费用，降低货物的成本。

3.提高货运质量，减少货损货差

集装箱具有足够的强度，货物装箱并铅封后，途中无须拆箱倒载，一票到底。即使经过长途运输或多次换装，箱内货物也不易损坏。集装箱运输还可减少被盗、潮湿、污损等引起的货损和货差。

（四）集装箱运输的费用

集装箱运费包括内陆运费、拼箱服务费、堆场服务费、海运运费、集装箱及其设备使用费等。海运运费的计算方法有两种：一是以每运费吨作为计费单位，二是以每个集装箱作为计费单位。

六、国际多式联运

（一）国际多式联运的含义

国际多式联运是一种以实现货物整体运输的最优化效益为目标的联运组织形式。它通常是以集装箱为运输单元，将不同的运输方式有机地组合在一起，构成连续的、综合性的一体化货物运输。它是在集装箱运输的基础上产生和发展起来的，是指按照国际多式联运合同，以至少两种不同的运输方式，由多式联运经营人将货物从一国（地区）境内的接管地点运至另一国（地区）境内指定交付地点的货物运输。国际多式联运适用于水路、公路、铁路和航空等多种运输方式。

（二）国际多式联运的优点

（1）简化托运、结算及理赔手续，节省人力、物力和有关费用。

（2）缩短货物运输时间，减少库存，降低货损货差事故，提高货运质量。

（3）降低运输成本，节省各种支出。

（4）提高运输管理水平，实现运输合理化。

（三）构成国际多式联运应具备的条件

（1）有一份多式联运合同。

（2）使用一份多式联运单据。

（3）有至少两种不同运输方式的连贯运输。

（4）国际的货物联运。

（5）由一个多式联运经营人对全程负责。

（6）按全程单一运费率，以包干形式一次收取。

七、大陆桥运输

大陆桥运输是指将横贯大陆的铁路（公路）运输系统作为中间桥梁，把大陆两端的海洋连接起来的集装箱连贯运输方式。一般采用集装箱为媒介。主要的大陆桥有西伯利亚大陆桥、北美大陆桥、新亚欧大陆桥。

西伯利亚大陆桥是指使用国际标准集装箱，将货物由远东海运到俄罗斯东部港口，再经跨越欧亚大陆的西伯利亚铁路运至波罗的海沿岸，如爱沙尼亚的塔林或拉脱维亚的里加等港口，然后采用铁路、公路或海运到欧洲各地的国际多式联运的运输线路。西伯利亚大陆桥是目前世界上最长的一条陆桥运输线，它大大缩短了从日本、远东、东南亚及大洋洲到欧洲的运输距离，并因此而节省了运输时间。

北美大陆桥是指利用北美的大铁路从远东到欧洲的"海陆海"联运。该大陆桥运输包括美国大陆桥运输和加拿大大陆桥运输。北美大陆桥是世界上历史最悠久、影响最大、服务范围最广的陆桥运输线。

新亚欧大陆桥东起中国连云港，经陇海线、兰新线，接北疆铁路，出阿拉山口，最终抵达荷兰鹿特丹，全长10900公里，途经中国、哈萨克斯坦、俄罗斯、白俄罗斯、波兰、德国、荷兰7国，辐射30多个国家和地区。新亚欧大陆桥于1992年12月正式投入营运，是国际运输史上一件划时代的大事，为亚欧联运提供了一条便捷、快速和可靠的运输通道，将更好地促进世界经济与技术的交流与合作。

八、OCP运输

Overland Common Points（OCP）称为内陆公共点或陆上公共点，是指使用两种运输方式将卸至美国西海岸港口的货物通过铁路转运抵美国的内陆公共点地区，并享有低廉的海运和陆运运费。OCP运输是美国大陆桥运输的形式之一。美国洛基山脉以东地区均为OCP地区，约占美国全国的2/3。凡从太平洋彼岸的货物经美国西海岸各港向东运往OCP地区的铁路运费率均较本地费率低3%～5%。这就促使美国经营远东航运业的商人也订立较一般运费低廉的OCP费率。例如，从我国口岸至美国西岸OCP运费，每吨运费低3~4美元。加拿大也有OCP地区和类似的运费优惠办法。

采用OCP运输，必须满足以下条件：货物最终目的地必须属于OCP地区范围，货物必须经由美国西海岸港口中转，在提单备注栏内及货物唛头上应注明最终目的地OCP某城市。

OCP运输是一种特殊的国际物流运输方式。它虽然由海运、陆运两种运输形式来完成，但并不是也不属于国际多式联运。国际多式联运是由一个承运人负责的自始至终的全程运输，而OCP运输的海运、陆运段分别由两个承运人签发单据，运输与责任风险也是分段负责。

第二节　装运条款

一、交货与装运

（一）"交货"（delivery）与"装运"（shipment）的区别

在FOB、FAS、FCA、CFR、CIF、CPT、CIP贸易术语条件下，"交货"的含义接近"装运"的含义，但也有一定区别。上述术语的交货地点都在装运港或出口国的某一指定地点，卖方向买方交货的标志为转让运输单据，但卖方转让运输单据的时间要比货物装运的时间晚。在EXW、DPU、DAP、DDP贸易术语条件下，交货与装运完全是不同的概念，它们的交货地点大多在指定目的港或进口国的某一指定地点，装运在装运港。

（二）交货时间与装运时间

1.交货时间

关于交货时间，一般规定：卖方必须在合同规定的日期或一段时间内交付货物，如合同未规定日期或一段交货时间，则应在订立合同后一段合理时间内交货；如卖方在合同规定的时间以前交货，或者迟延交货，买方有权要求损害赔偿和／或拒收货物，也可宣告合同无效。

2.装运时间

装运时间的规定方法如下所示。

（1）规定某月装运。

例 Shipment during March 2020。

（2）规定某月月底前装运。

> **例** Shipment at or before the end of May 2020。

（3）规定某月某日前装运。

> **例** Shipment on or before July 15th 2020。

（4）跨月装运。

> **例** Shipment during Feb./Mar. 2020。

（5）收到信用证后若干时间内装运。

> **例** Shipment within 45 days after receipt of L/C。在采用这种装运期规定时，必须同时规定有关信用证开到的期限，防止买方不按时开证。

（6）近期交货。

> **例** Shipment as soon as possible。

3.确定交货时间与装运时间时应注意的问题

在确定交货、装运时间时，须考虑货源、运输、市场、货物等情况。

（1）货源情况。主要是货源的供应，须考虑库存、生产能力、配套能力、生产周期、技术要求、货物数量等因素。

（2）运输情况。主要是运输能力，须考虑航线、港口条件、气候条件等。

（3）市场情况。某些货物的市场情况随季节（或时间）变化。

（4）货物情况。某些货物受潮易霉变，受热易融化，货物的防潮防热等特点应考虑季节、航线、地理位置等因素。

二、装运港与目的港

（一）装运港或装运地

一般由卖方提出，经买方确认。应选择靠近产地、交通便捷、费用低廉、储存仓库等基础设施比较完善的地方。装运港（地）的规定方式如下所示。

（1）只规定一个装运港（地）。

例 Port of shipment: Shanghai。

（2）规定两个或两个以上的装运港（地）。

例 Port of shipment: Qingdao and Shanghai。

（3）笼统规定。

例 Port of shipment: China ports。

当采用上述第2、3种规定方式时，如卖方负责安排运输，则卖方可在范围之内任选；如买方安排运输，则卖方必须在合同规定的装运时限或装运时间前一段时间将最终选定的装运港（地）的详细信息通知买方。

（二）目的港或目的地

1. 目的港（地）的规定方式

一般由买方提出，经卖方确认。包括：

（1）只规定一个目的港（地）。

例 Port of destination: New York。

（2）规定两个或两个以上的目的港（地）。

例 Port of destination: London/Liverpool。

（3）笼统规定。

例 Port of destination: U.K. ports。

上述第2、3种规定方式属于选择港的情形。

2. 选择港

（1）选择港的含义。允许收货人在预先提出的两个或两个以上的卸货港中，在货轮驶抵第一个备选港口前，按船公司规定的时间（货轮驶抵第一个备选港口前48小时），将最后确定的卸货港通知船公司或其代理人，船方负责按通知的卸货港卸货。或笼统规定某一航区为目的港，收货人在装运前应通知卖方，确定最终目的港。需要注意的是：按一般航运惯例，如果货方未在规定时间将选定的卸货港通知船方，船方有权在任何一个备选港口卸货。

（2）采用选择港应注意的问题。合同中规定的选择港的数目一般不超过3个；备选港口应该在同一条班轮航线上，而且是班轮公司的船只都能停靠的港口；计算运费时，应按备选港口中最高的费率加上选港附加费计算；在合同中应明确规定因选择港而增加的运费、附加费均由买方负担。

3.确定目的港（地）时应注意的问题

（1）贯彻我国有关的贸易政策。

（2）有关目的港／地的规定，应力求明确具体。

（3）在我方负责运输的情况下，如运往目的港无直达班轮或航次较少，合同中应规定允许转运。

（4）目的港必须是船舶可以安全停泊的港口。

（5）除非多式联运承运人能够接受全程运输，一般不接受以内陆城市为目的地。

（6）规定的目的港和目的地如在世界范围内有重名，应明确国别与所处方位。

（7）正确使用选择港。可供选择的港口应在同一航区、航线，增加的运费和附加费应由买方负担，规定买方宣布最后目的港的时间。

三、分批装运与转运

（一）分批装运

1.分批装运的含义

分批装运是指一份合同项下的货物分若干期或若干批装运。买卖合同中往往都规定分批装运条款。分批的原因是交易数量较大，或是由于备货、运输条件、市场需要或资金的限制。

关于能否分批，在合同中如没有规定允许分批装运，不同国家的法律有不同的解释，所以应在合同中明确规定；根据《跟单信用证统一惯例》，除非信用证明示不准分批装运，卖方即有权分批装运。《跟单信用证统一惯例》第四十条b款规定：运输单据上表面注明货物系使用同一运输工具并经同一路线运输的，即使每套运输单据注明的装运日期不同及／或装货港、接受监管地、发运地不同，只要运输单据注明的目的地相同，也不视为分批装运。

2.分批装运的规定方式

（1）只规定允许分批装运，未规定分批的具体时间、批次及数量。

（2）既规定允许分批装运，又规定分批的具体时间、批次，但不规定每批装运的数量。

（3）既规定允许分批装运，又规定分批的具体时间、批次及数量。

3.分批装运的违约处理

（1）《公约》的规定。一方当事人不履行任何一批的义务，则该批构成根本性违约；如果一方当事人不履行任何一批的义务，使另一方当事人有充分理由断定对今后各批货物将会发生根本违反合同，则另一方当事人可在一段合理时间内宣告合同无效；如果各批货物是相互依存的，买方宣告任何一批货物的交付无效时，可以同时宣告之前或之后的各批均为无效。

（2）《跟单信用证统一惯例》的规定。第四十一条规定，如果信用证规定分批装运，如果其中任何一批未按规定装运，则本批及以后各批均失效。

（二）转运

转运指货物在运输过程中进行转装或重装，包括从一运输工具转移到另一同类运输工具，或由一种运输方式转为另一种运输方式。转运对卖方比较主动，但要增加费用支出。而货物在转运时有可能增加损耗或散失，而且易使运输延迟。在直接运输有困难时，应规定"允许转运"。

能否转运，一般须在合同中应作明确规定。《跟单信用证统一惯例》规定，除非信用证条款禁止转运，如果同一单据包括全程运输，银行将接受表明货物被转运的单据。

装运条款示例：

五月装运，自上海到纽约。卖方应于装运月份前30天将备妥货物可供装船的时间通知买方。允许分批装运和转运。

四、滞期与速遣条款

滞期与速遣条款主要适用于FOB条件下的程租船运输。买卖合同中的滞期、速遣条款应与租船合同中的相关条款一致，防止买卖合同与租船合同不一致而带来损失。

第三节 运输单据

一、海上货物运输单据

海上货物运输单据主要有：海运提单（bill of lading, B/L），简称"提单"；海上货运单（sea waybill），简称"海运单"。

（一）海运提单

1.海运提单的性质和作用

（1）货物收据。承运人签发的货物收据，证明承运人已收到货物。

（2）物权凭证。提取货物；转让提单而转让货物所有权。

（3）运输合同的证明。明确规定承运人与托运人之间的权利、责任、豁免提单的内容。

　　班轮提单除提单正面列有托运人和承运人分别填写的有关货物与运费等记载事项外，背面还有印就的涉及承运人与货方之间的权利、义务与责任豁免的条款；租船合同项下的提单仅在提单正面列有简单的记载事项，并表明"所有其他条款、条件和例外事项按某年某月某日租船合同办理"，而提单背面则无印就的条款。

　　2.海运提单的种类

　　（1）根据货物是否已装船，分为已装船提单（shipped B/L）和备运提单（received for shipment B/L）。已装船提单是装船后签发的提单，提单签发日期即为装船日期。备运提单是收到货物等待装运期间签发的提单，装船后可转换为已装船提单，集装箱运输常用。

　　（2）根据提单上对货物外表状况有无不良批注，分为清洁提单（clean B/L）和不清洁提单（unclean B/L）。清洁提单是指提单上没有货物外观的不良批注。不清洁提单是指提单上有关于货物外观的不良批注，例如，提单上注明"被雨淋湿""三箱破损""铁丝松脱""包装不固""×件损坏"等。《跟单信用证统一惯例》规定，除非信用证中明确规定可以接受的条款或批注，银行只接受清洁提单。

　　（3）根据提单收货人抬头的不同，分为记名提单（straight B/L）、不记名提单（bearer B/L）和指示提单（order B/L）。记名提单的收货人栏内填写特定收货人名称，只能由提单指定的收货人提货，不能流通转让。不记名提单的收货人栏内不填写收货人名称，写明"货交提单持有人"或留空，无须背书即可转让，指示提单的收货人栏内填写"凭指示"或"凭××指示"，经过背书可以转让，使用方便，可流通转让，又具有保护性。背书又有空白背书和记名背书之分。空白背书是指背书人在提单背面签字，而不注明被背书人。记名背书是指背书人在提单背面签字外，还列明被背书人名称。指示提单用得最多的是"凭指示"并加"空白背书"，习惯上称"空白抬头、空白背书"提单。

　　（4）根据运输方式，分为直达提单（direct B/L）、转船提单（transhipment B/L）和联运提单（through B/L）。直达提单的运输方式是中途不换船，直接驶往目的地。转船提单的运输方式是中途换船，包括全程运输，但责任分段负。联运提单的运输方式是海运和其他运输方式的联合，包括全程运输，但责任分段负。

　　（5）根据内容繁简，分为全式提单（long form B/L）和略式提单（short form B/L）。全式提单又称"繁式提单"，不仅有提单正面内容，还有背面条款。略式提单又称"简式提单"，只有正面内容，没有背面条款。

　　（6）根据使用效力，分为正本提单（original B/L）和副本提单（copy B/L）。正本提单有承运人、船长或其代理人签名盖章并注明签发日期，在法律上是有效的单证，必须注明"正本"字样，一般一式两份或三份。凭其中一份提货后，其余的即作废。副本提单没有承运人、船长或代理人签字盖章，仅供参考之用。

　　（7）其他类型。集装箱提单是以集装箱装运货物所签发的提单，有集装箱联运提单和多式联运提单两种形式。还有几种特殊提单，例如，倒签提单是签发日期早于实际装船日期的提单；预借提单是货物装船完毕前，托运人向承运人预先借用，用于及时结汇的提单；过期提单是指签发后超过信用证规定期限才交到银行的提单，即提单晚于货物到达目的港，主要出现在近洋运输中；甲板提单，也称"舱面提单"，表明货物装于船舶甲板上的提单，注明"货装甲板"字样，托运人须加保甲板险。

（二）海上货运单

1.海上货运单的含义

海运是证明海上货物运输合同和货物已由承运人接管或装船，以及承运人将货物交付单证所载明的收货人的一种不可流转的单证，因此又称不可转让海运单（non-negotiable sea waybill）。

2.海上货运单与海运提单的区别

海运单非流通性收据，而海运提单为物权单据，可以流通；海运单收货采用记名，无须收回该单据；海运单为简式单证，无详细货运条款；海运单可用于集装箱运输，也可以用于传统运输方式。

二、其他运输单据

（一）铁路运输单据

当通过国际铁路办理货物运输时，在发运站由承运人加盖日戳签发的运单叫"铁路运单"。铁路运单是由铁路运输承运人签发的货运单据，是收、发货人同铁路之间的运输契约。铁路运单只是运输合约和货物收据，不是物权凭证，但在托收或信用证支付方式下，托运人可凭运单副本办理托收或议付。铁路运输可分为国际铁路联运和国内铁路运输两种方式，前者使用国际铁路联运运单，后者使用国内铁路运单。

国际铁路联运运单是参加联运的发运国铁路与发货人之间的运输合同，具体规定了参加联运的各国铁路和收、发货人之间的权利和义务，是铁路与货主间缔结的运输契约的证明，共五联：运单正本随货同行，到达终点站时交付收货人；运行报单随货至到站，并留存到站；运单副本交发货人，凭单办理货款结算；货物交付单随货至终点站，由铁路留存；到达通知单随货至终点站，与运单正本一并交付收货人。

（二）航空运单

航空运单是航空承运人与托运人之间运输合同的凭证，也是承运人签发的接收货物的收据，但不是物权凭证，不能通过背书转让。货物运到目的地后，收货人凭承运人的到货通知提取货物。正本一式三份，分别交托运人、承运人（航空公司）、收货人。交托运人，是承运人或其代理人接收货物的依据；承运人留存，作为记账凭证；最后一份随货同行，在货物到达目的地，交付给收货人时作为核收货物的依据。副本可根据需要签发，交给不同的当事人使用。

（三）邮包收据

邮包收据是邮局收到邮件后签发的收据。当邮件灭失或损坏时，凭以向邮局索赔。不是物权凭证，不可流通。邮包按照运送方式分为三种：普通邮包、航空邮包和保价邮包。普通邮包用于海运或陆运，时间长，但收费低廉。航空邮包用于空运，速度快，但收费高。贵重物品还可通过付保价费而成为保价邮包。

（四）国际多式联运单据

国际多式联运单据是由多式联运经营人签发的，证明已接管货物，并负责全程运输，按合同规定交付货物的单据。多式联运单据由承运人或其代理人签发，其作用与海运提单相似，既是货物收据也是运输契约的证明，国际多式联运单据为指示抬头或不记名抬头时，可作为物权凭证，经背书可以转让。

思考题　　　　　　　　　　　　　　　　　　　　　>>>

（1）为什么当货物通过班轮运输时，进口人通常要求出口人提供"已装船、清洁、做成凭指示的空白抬头、空白背书"的提单？

（2）班轮运输与租船运输的区别是什么？

（3）装运港（地）、目的港（地）的规定中应注意哪些方面的问题？

（4）案例分析：信用证不许分批装运，后修改分别运往两个目的港引起纠纷案。

我国某服装进出口公司向詹姆斯国际贸易公司出口一批女装，于2018年2月6日国外开来信用证，有关部分条款规定："1万件女装，装运不得晚于2018年3月31日从大连至鹿特丹港。不许分批装运。"

服装进出口公司于3月11日装运前又接到开证行的信用证修改通知。修改书的内容："装运改为5000件女装从大连到鹿特丹港，另5000件女装从大连到阿姆斯特丹港代替原装运条款规定。"

服装进出口公司根据信用证要求，即与船公司联系租船订舱，经各方面的安排才最后于3月16日在"黄海"轮装5000件至鹿特丹港；于3月17日在"嘉兴"轮装5000件至阿姆斯特丹港。

服装进出口公司在装运后于3月18日备妥信用证项下的所有单据向议付行交单办理议讨。但3月29日接到议付行转来开证行拒付电称："第×××号信用证项下的你第×××号单据经审核发现单证不符：我信用证规定不许分批装运，而你却分两批装：3月16日装'黄海'轮5000件至鹿特丹港；于3月17日装'嘉兴'轮5000件至阿姆斯特丹港。因此，不符合信用证要求，构成单证不符。单据暂由我行留存，听候单据处理意见。3月29日。"

问题：案例中3月11日信用证修改书的内容，即"装运改为5000件女装从大连到鹿特丹港，另5000件女装从大连到阿姆斯特丹港代替原装运条款规定"是否修改了原规定的"不许分批装运"条款？出口方是否失误？若是，分析失误的主要原因。

10

>>

第十章

国际货物
运输保险

国际货物运输间隔时间长，地理跨度大，有时还须结合多种运输方式，可能面临各种风险而导致损失。为了保障货物遭受损失后得到赔偿，就需要对国际货物运输进行保险。本章以海洋运输为例，介绍海洋运输货物的风险和损失、我国海洋运输货物保险条款及伦敦保险协会海洋运输货物保险条款。重点了解这两类海洋货物运输保险条款中基本险的责任范围、除外责任、责任的起讫期限及索赔时效。

第一节　海洋运输货物保险保障的范围

一、保障的风险

（一）海上风险

1.自然灾害

自然灾害是指不以人的意志为转移的自然界力量所引起的灾害，但在海运保险业务中，它并不是泛指一切由于自然力量造成的灾害，而是仅指恶劣气候、雷电、地震、海啸、洪水或火山爆发等人力不可抗拒的自然力量造成的灾害。

2.意外事故

意外事故是指由于偶然、非意料的原因所造成的事故。但在海运保险业务中，它并不是泛指海上所有的意外事故，而仅指运输工具搁浅、触礁、沉没、船舶与流冰或其他物体碰撞以及失踪、失火、爆炸等。

（二）外来风险

1.一般外来风险

一般外来风险是指由于一般外来原因所造成的风险，主要包括偷窃、渗漏、短量、碰损、钩损、生锈、雨淋、受热受潮等。

2.特殊外来风险

特殊外来风险是指由于社会、政治等原因所造成的风险，主要包括战争、罢工、拒收以及交货不到等风险。

二、保障的损失

风险所导致的损失有海上损失和其他损失（图10-1）。海上损失是指被保险货物在运输过程中，由于发生海上风险而导致保险标的直接或间接的损失。本节主要介绍海上损失。（海上损失按照其损失程度，分为全部损失和部分损失。）

（一）全部损失

全部损失（total loss）又称全损，是指运输途中的货物全部灭失，或完全变质，或不可能归还被保险人。从损失性质看，分为实际全损（actual total loss）和推定全损（constructive total loss）。

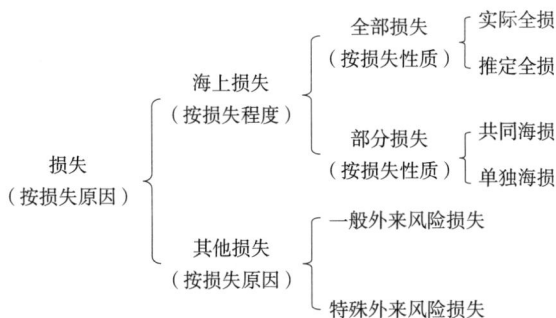

图10-1 损失分类

1.实际全损

实际全损是指保险标的发生保险事故后灭失，或者受到严重损坏完全失去原有的形体、效用，或者不能再归被保险人所拥有。构成实际全损的主要有以下四种情况。

（1）保险标的物全部灭失。例如，载货船舶遭遇海难后沉入海底，保险标的物实体完全灭失。

（2）保险标的物的物权完全丧失已无法挽回。例如，载货船舶被海盗抢劫，或船货被敌对国扣押等，虽然标的物仍然存在，但被保险人已失去标的物的物权。

（3）保险标的物已丧失原有商业价值或用途。例如，水泥受海水浸泡后变硬，烟叶受潮发霉后失去原有价值。

（4）载货船舶失踪，无音讯已达相当一段时间。在国际贸易实务中，一般根据航程的远近和航行的区域来决定时间的长短。

2.推定全损

根据《中华人民共和国海商法》第二百四十六条的规定："货物发生保险事故后，认为实际全损已不可避免，或者为避免发生实际全损所需支付的费用与继续将货物运抵目的地的费用之和超过保险价值的，为推定全损。"构成推定全损的主要有以下四种情况。

（1）保险标的物受损后，其修理费用超过货物修复后的价值。

（2）保险标的物受损后，其整理和继续运往目的港的费用，超过货物到达目的港的价值。

（3）保险标的物的实际全损已经无法避免，为避免全损所需的施救费用，将超过获救后标的物的价值。

（4）保险标的物遭受保险责任范围内的事故，使被保险人失去标的物的所有权，而收回标的物的所有权，其费用已超过收回标的物的价值。

（二）部分损失

在海洋运输途中，当保险标的发生承保范围内的损失，凡不属于实际全损和推定全损的都称为部分损失（partial loss）。部分损失按其损失性质分为共同海损（general average）和单独海损（particular average）。

1.共同海损

共同海损指载货船舶在海运上遇难时，船方为了共同安全，以使同一航程中的船货脱离危险，有意而合理地做出的牺牲或引起的特殊费用，这些损失和费用被称为共同海损。例如，船舶因触礁倾斜，船长为了挽救船舶和全船货物，不得不下令将船上另一边部分货物抛入海中，使船舶平衡，因此而被抛下大海的货物便属于共同海损。又如，船在航行中，其关键部件失灵，以致船舶失控，船长为了脱险不得不向附近港口呼救，要求派拖船拖曳。由于雇用拖船拖曳而支出的这笔额外费用也属于共同海损。

构成共同海损的条件：危险必须是实际存在的，而非主观臆测的；必须是有意的、合理的，为了船货共同安全；必须是在非常性质下，做出的牺牲或引起的特殊费用；牺牲或费用，最终必须是有效的。

共同海损行为所做出的牺牲或引起的特殊费用，都是为使船主、货主和承运方不遭受损失而支出的，因此，不管其大小如何，都应由船主、货主和承运各方按获救的价值，以一定的比例分摊。这种分摊叫共同海损的分摊。

2.单独海损

单独海损指保险标的物在海上遭受承保范围内的风险所造成部分灭失或损害，即指除共同海损以外的部分损失。

单独海损的特点：它不是人为有意造成的部分损失；它是保险标的物本身的损失；单独海损由受损失的被保险人单独承担，但其可根据损失情况从保险人那里获得赔偿。

3.单独海损和共同海损的主要区别

（1）引起损失的原因不同。单独海损是承保风险所直接导致的船货损失，共同海损是为了解除或减轻船、货、运三方共同危险，而人为造成的损失。

（2）损失的构成不同。单独海损一般是指货物本身的损失，不包括费用损失。共同海损既包括货物牺牲，又包括因采取共同海损措施而引起的费用。

（3）损失的承担方式不同。单独海损由受损方自行承担损失。共同海损则由受益各方按获救价值大小的比例分摊损失。

三、保障的费用

海上风险还会造成费用支出，这些费用是当海洋运输货物发生海上危险事故时，为避免损失的发生和扩大，而采取适当措施所引起的费用。主要有施救费用和救助费用，由保险人负责赔偿。

（一）施救费用

施救费用是指被保险货物在遭受承保责任范围内的灾害事故时，被保险人或其代理人或保险单受让人，为了避免或减少损失，采取各种措施而支出的合理费用。施救费用应符合下列三个条件：第一，施救行为必须是由被保险人及其代理人、雇员或受让人所采取的，如属其他与被保险人无关的人员采取抢救行为所产生的费用，不属于施救费用的范畴；第二，只有承保责任范围内的施救费用，才能得到保险人的补偿；第三，施救费用应当是必要的、合理的，施救行为不当引起的费用，保险人不予补偿。施救费用的赔偿金额受保险金额限制，最多不能超过保险金额。

（二）救助费用

救助费用是指除保险人或被保险人以外的第三者采取了有效的救助措施之后，由被救方付给的报酬。海上救助的成立和救助费用的产生，必须具备下列三个条件：第一，被救助的船舶或货物必须处于不能自救的危险境地；第二，救助人必须是与被保险人或保险人无关的第三者；第三，救助行为必须有实际效果，救助人才有权获得适当的报酬，即保险人才赔付救助费。

第二节 我国海洋运输货物保险条款

在海洋运输保险业务中，保险人承保的责任范围通过各种不同的保险条款来规定。中国人民保险集团股份有限公司的"中国保险条款"包含"海洋运输货物保险条款""海洋运输货物战争险条款"及其他专门条款。《中国人民保险公司海洋运输货物保险条款》所承保的险别包括基本险、附加险及专门险。

一、基本险

我国海洋运输货物保险条款里的基本险可以单独投保，包括平安险、水渍险及一切险。

（一）平安险

平安险（F.P.A.）是我国保险业的习惯叫法，英文字面意思为"单独海损不赔"，其责任范围：

（1）自然灾害造成的全部损失。

（2）意外事故造成的全部损失和部分损失。

（3）意外事故之前或之后在海上遭受自然灾害而使货物造成的部分损失。

（4）装卸或转船造成的全部或部分损失。

（5）施救费用。

（6）避难港卸货的特殊费用。

（7）共同海损的牺牲、分摊和救助费用。

（8）运输契约订有"船舶互撞责任"条款，据该条款规定应由货方偿还船方的损失。

平安险仅对由于自然灾害所引起的单独损失不赔偿，而对上述第2项指定的意外事故造成的单独损失，第3项中的自然灾害与意外事故共有情形下的单独损失负赔偿责任。"海洋运输货物保险条款"的基本险中，平安险承保责任范围最小，所缴保险费最少。

（二）水渍险

水渍险（W.P.A.）的英文字面意思是"负责单独海损"，其责任范围：

（1）平安险所承保的全部责任。

（2）被保险货物在运输途中由于自然灾害造成的部分损失。

与平安险的责任范围相比，水渍险的承包责任范围略有扩大，水渍险对自然灾害所造成的部分损失也负责赔偿。

（三）一切险

一切险（A.R.）的责任范围：

（1）水渍险的保险责任。

（2）一般外来原因造成全部或部分损失。

可以说，一切险的责任范围是平安险、水渍险和一般附加险的总和。因此，投保一切险，无须加保一般附加险，但排除特殊外来原因造成的损失。

（四）除外责任

（1）被保险人的故意行为或过失所造成的损失。

（2）属于发货人责任引起的损失。

（3）在保险责任开始前，被保险货物已存在的品质不良或数量短差所造成的损失。

（4）被保险货物的自然损耗、本质缺陷以及市价跌落、运输延迟所造成的损失或费用。

（5）战争险和罢工险条款规定的责任范围和除外责任。

下面案例中，损失是被保险货物本身的内在缺陷所造成，属于除外责任。

例　我某外贸公司与澳大利亚某商达成一项皮衣出口合同，价格条件为CIF悉尼，支付方式为不可撤销即期信用证，投保"海洋运输货物保险条款"一切险。生产厂家在生产的最后一道工序未将皮衣的湿度降低限度，然后用牛皮纸包好装入双层瓦楞纸箱，再装入集装箱。货物到达目的港后，经检验，全部货物湿、霉、玷污、变色，损失达8万美元。根据"海洋运输货物保险条款"，货物本身的内在缺陷或特性所造成的损失或费用属于保险除外责任，因此，保险公司不赔付。

（五）责任起讫

出于运输险的特点，保险业务中对责任起讫不规定具体的日期，而是采用"仓至仓"原则，或称为"仓至仓"条款（warehouse to warehouse clause）。

（1）保险责任自被保险货物运离保险单所载明的起运地仓库或储存处所开始运输时生效，包括正常运输过程中的海上、陆上、内河和驳船运输在内，直至该项货物到达保险单所载明目的地收货人的最后仓库或储存处所或被保险人用作分配、分派或非正常运输的其他储存处所为止。如未抵达上述仓库或储存处所，则以被保险货物在最后卸载港全部卸离海轮后满60天为止。如在上述60天内被保险货物需转运到非保险单所载明的目的地时，则以该项货物开始转运时终止。

（2）由于被保险人无法控制的运输延迟、绕道、被迫卸货、重新装载、转载或承运人运用运输契约赋予的权限所做的任何航海上的变更或终止运输契约，致使被保险货物运到非保险单所载明目的地时，在被保险人及时将获知的情况通知保险人，并在必要时加交保险费的情况下，本保险仍继续有效，保险责任按下列规定终止：被保险货物如在非保险单所载明的目的地出售，保险责任至交货时为止，但不论何种情况，均以被保险货物在卸载港全部卸离海轮后满60天为止；被保险货物如在上述60天期限内继续运往保险单所载原目的地或其他目的地时，保险责任仍按上述第1款的规定终止。

（六）索赔时效

被保险货物在最后卸载港全部卸离海轮后起算，最多不超过2年。

二、附加险

不能单独投保，包括一般附加险、特殊附加险和其他附加险。

（一）一般附加险

一般附加险有11种，包括偷窃、提货不着险，淡水雨淋险，渗漏险，短量险，混杂玷污险，碰损破碎险，钩损险，生锈险，串味险，受潮受热险，包装破损险。

（二）特殊附加险

包括战争险和罢工险。战争险不能作为一个单独的项目投保，而只能在投保上述三种基本险别之一的基础上加保。战争险的保险责任起讫和货物运输险不同，它不采取"仓至仓"条款，而是从货物装上海轮开始至货物运抵目的港卸离海轮为止，即只负责水面风险，其保险责任到货物卸离保险单所载明的目的港海轮或驳船时为止。若海轮到目的港后货物未卸船，最长期限则为海轮到达目的港当天午夜起算满15天。罢工险是在投保海运货物保险的基础上加保的特殊附加险，它只承保罢工行为所致的被保险货物的直接损失，而因罢工行为使货物无法正常运输装卸导致的间接损失，保险人不负责赔偿。罢工险的保险期限与海运货物基本险相同，即以"仓至仓"条款为准。

（三）其他附加险

除上述一般附加险和特殊附加险外，还有6种其他附加险别，即交货不到险、进口关税险、舱面货物险、拒收险、黄曲霉素险、出口货物到香港（包括九龙在内）或澳门存仓火险。这6种附加险，必须在投保基本险的基础上另行加保，才能获得保障；其所承保的风险，大多与国家行政法令、政策措施、航海贸易习惯有关。

三、其他专门险别

针对海运货物的某些特性，保险业务中还有承保其特性的专门险别，这些专门险也属于基本险的性质，可以单独投保。我国的两种海运货物专门险是海洋运输冷藏货物保险和海洋运输散装桐油保险。

第三节   伦敦保险协会海洋运输货物保险条款

伦敦保险协会制定的"协会货物条款"在世界范围影响广泛。目前，世界上许多国家在海运保险业务中采用该条款，还有部分国家在制定本国保险条款时参考该条款内容。协会货物险条款包括协会货物（A）险条款、协会货物（B）险条款、协会货物（C）险条款、协会货物战争险条款、协会货物罢工险条款、恶意损害险条款。本节主要介绍前三个条款。

一、协会货物（A）险条款

（一）协会货物（A）险条款的责任范围

协会货物（A）险条款对承保风险的规定采用"一切风险减去除外责任"的方式。承保责任范围包括三部分：

（1）承保除外责任规定以外的一切风险所造成的保险标的的损失。

（2）共同海损和救助费用：其理算或确定应根据运输契约和有关法律和惯例办理。该项共同海损和救助费用的产生，应为避免任何原因所造成的或与之有关的损失所引起的，但由除外责任条款或其他条款规定的不保责任除外。

（3）被保险人根据运输契约订有"船舶互撞责任"条款规定：由被保险人应负的比例责任，视作保险单项下应予补偿的损失。如果船东根据上述条款提出任何索赔要求，被保险人同意通知保险人，保险人有权自负费用为被保险人就此项索赔进行辩护。

（A）险条款主要承保海上风险和一般外来风险，责任范围较广。

（二）协会货物（A）险条款的除外责任

除外责任包括一般除外责任，不适航、不适货除外责任，战争除外责任（海盗除外），罢工除外责任。

二、协会货物（B）险条款

（一）协会货物（B）险条款的责任范围

采用列明风险的方式，即把保险人承保的风险一一列出。承保责任范围包括：

（1）火灾、爆炸。

（2）船舶或驳船触礁、搁浅、沉没或倾覆。

（3）陆上运输工具倾覆或出轨。

（4）船舶、驳船或运输工具同除水以外的任何外界物体碰撞。

（5）在避难港卸货。

（6）地震、火山爆发、雷电。

（7）共同海损牺牲。

（8）投弃或浪击落海。

（9）海水、湖水或河水进入船舶、驳船、运输工具、集装箱、大型海运箱或储存处所。

（10）货物在装卸时落海或跌落造成整件的全损。

（B）险条款主要承保自然灾害和意外事故所致的损失，同时还承保共同海损的牺牲、分摊和救助费用。（B）险条款承保的责任范围比（A）险条款小。

（二）协会货物（B）险条款的除外责任

协会货物（B）险的除外责任为（A）险的除外责任加上海盗行为恶意损害险责任。（A）险条款明确将海盗风险从除外责任中剔除，即将海盗风险作为承保风险，而（B）险条款并未将海盗风险作为除外风险，但也没有列入承保风险。由于（B）险条款采取列明风险的方法确定承保风险，所以按照（B）险条款的规定，保险人对海盗风险不予负责。

三、协会货物（C）险条款

（一）协会货物（C）险条款的责任范围

对承保风险的规定也是采用列明风险的方式，只承保"重大意外事故"，而不承保"自然灾害及非重大意外事故"。承保责任范围包括：

（1）火灾、爆炸。

（2）船舶或驳船触礁、搁浅、沉没或倾覆。

（3）陆上运输工具倾覆或出轨。

（4）船舶、驳船或运输工具同除水以外的任何外界物体碰撞或接触。

（5）在避难港卸货。

（6）共同海损牺牲。

（7）投弃（或抛货）。

此外，保险人对非除外风险所致的共同海损的分摊和救助费用负责赔偿。由此可见,（C）险条款的承保范围比（B）险条款更小，仅承保意外事故所致的损失以及共同海损和救助费用，是协会货物（A）（B）（C）三种条款中保险人责任范围最小的条款。可见，从协会货物（A）险条款到协会货物（B）险条款，再到协会货物（C）险条款，保险人承保的责任范围依次减少。

（二）协会货物（C）险条款的除外责任

协会货物（C）险的除外责任与（B）险的除外责任完全相同。

第四节　投保海洋运输货物保险的注意事项

一、中外海洋运输货物保险条款的区别

以在世界范围影响广泛的伦敦保险协会海洋运输货物保险条款为例，其与我国海洋运输

货物保险条款的区别主要有如下三方面。

（一）险别名称

伦敦保险协会海洋运输货物保险条款的主要险别用字母表示；我国海洋运输货物保险条款的基本险用"平安险""水渍险""一切险"表示。

（二）险别排列

协会货物（A）险到（B）险，再到（C）险，其排列是承保范围由大到小；我国海运货物保险的"平安险""水渍险""一切险"，其排列是承保范围由小到大。

（三）附加险的投保

协会货物保险条款中的战争险和罢工险可以单独投保。我国海运货物保险条款中的附加险都不能单独投保。

二、保险业务中的"可保利益原则"

需要注意保险业务中的"可保利益原则"。因为被保险人向保险公司索赔必须具备三个条件：保险公司承保范围内的损失，索赔人是保险单的合法持有者，索赔人具有可保利益。其中的"可保利益"也称保险利益，是指投保人或被保险人对保险标的所具有的合法经济利益。只有对保险标的真正具有这种经济利益的人才能同保险人签订有效的保险合同，才有权在该标的发生保险责任范围内的损失时向保险人提出索赔。根据可保利益原则，国际货物运输保险允许投保人在投保时可以不具有保险利益，但发生事故向保险人索赔时，被保险人对保险标的的必须具有保险利益。

根据"可保利益原则"，在采用FOB、FCA、CFR、CPT术语时，须特别注意出仓至装船途中的损失或灭失。因为，当货物在FOB、FCA、CFR、CPT术语条件下，即由买方投保时，在出仓至装船途中损失或灭失，买卖双方均不能取得赔偿。具体情况为：买方提出索赔，出仓至装运途中，货物的所有权还属于卖方，风险也没发生转移，买方不具有可保利益；卖方提出索赔，卖方虽然具有可保利益，但在上述贸易术语条件下，由买方投保，卖方不是保险单的持有者。

三、其他注意事项

货物特性不同，选择的险种也不同，有的货物易碎，有的货物易自燃、受潮、霉变。投保一定要及时。尽量避免倒签单的问题，还要注意投保时要诚实。掌握一些特殊货物、特殊险种保险公司的态度。应尊重对方的意见和要求，例如，有些国家规定，其进口货物必须由其本国保险；如果客户要求我们按伦敦保险协会条款投保，我们可以接受客户要求，因为英国伦敦保险协会条款在世界货运保险业务中有较大的影响，很多国家（地区）的进口货物保险都采用这种条款。

思考题 >>>

（1）什么是实际全损和推定全损？

（2）构成共同海损应具备哪些条件？共同海损与单独海损的区别有哪些？

（3）我国海洋运输货物保险条款与伦敦保险协会海洋运输货物保险条款的区别有哪些？

（4）海轮的舱面上装有1000台纺织设备，航行中遇大风浪袭击，450台设备被卷入海中，海轮严重倾斜，如果不立即采取措施，则有翻船的危险，船长下令将余下的550台设备全部抛入海中。

问题：这1000台设备的损失由谁承担？属于何种性质？

（5）某货轮从天津新港驶往新加坡，在航行途中船舶货舱起火，大火蔓延到机舱，船长为了船、货的共同安全，下令往舱内灌水，火很快就扑灭，但是由于主机受损，无法继续航行，于是船长决定雇用拖轮将船拖回新港修理，修好后重新驶往新加坡。这次造成的损失有：

①1000箱货被火烧毁。

②600箱货被水浇湿。

③主机和部分甲板被烧坏。

④拖轮费用。

⑤额外增加的燃料和船上人员的工资。

问题：从损失的性质看，上述损失各属何种海损？为什么？

（6）有一货轮在航行中与流冰相撞。船身一侧裂口，舱内部分乙方货物遭浸泡。船长不得不将船就近驶入浅滩，进行排水，修补裂口。而后为了浮起又将部分甲方笨重的货物抛入海中。乙方部分货物遭受浸泡损失了3万美元，将船舶驶上浅滩以及产生的一连串损失共为8万美元，应如何分摊损失？（该船舶价值为100万美元，船上载有甲乙丙三家的货物，分别为50万美元、33万美元、8万美元，待收运费为2万美元。）

（7）2019年8月，我某出口公司对外签订一份以FOB为条件的纺织品合同，买方已向保险公司投保仓至仓条款的一切险。货物从我公司仓库运往装运港码头时发生承保范围内的损失，事后我公司以保险单含有仓至仓条款要求保险公司赔偿被拒绝，之后我公司又请买方以买方名义凭保险单向保险公司索赔，同样遭拒绝。

问题：保险公司是否有权利拒绝？为什么？

11

第十一章

>> 进出口货物的
价格与国际
货款收付

在国际货物买卖中，价格的高低是买卖双方最为关注的方面，价格条款是国际货物买卖合同中的核心条款。本章主要介绍定价的方法、单价的表示方式以及佣金、折扣的运用。国际货款的收付是涉及买卖双方切身利益的主要交易条件。目前，国际货款支付主要是以汇付、托收、信用证为代表的非现金结算方式。本章主要介绍作为国际货款支付工具的票据，在此基础上，学习掌握汇付、托收、信用证三种主要的支付方式。

第一节　进出口货物的价格

一、定价方法

（一）固定价格

固定价格是指买卖双方在合同中明确约定价格并在履约时按此价格交货付款，即在合同中规定货物的单价或总价。即使合同约定的价格与合同交货时的价格差别很大，双方也必须履行合同。国际市场上多采用固定价格。固定价格至少包括4方面的信息，即计量单位、单价金额、计价货币及贸易术语，例如，"每公吨300美元，CIF纽约"。

（二）非固定价格

非固定价格是约定将来确定价格的时间和方法，包括待定价格；暂定价格；部分固定价格，部分非固定价格；滑动价格。

1.待定价格

待定价格有两种方式：

（1）在合同的价格条款中一并规定定价的时间与定价方法。

例　在装船月份前45天，参照当地及国际市场价格水平，协商议定正式价格。

（2）只规定作价时间，一般不宜采用。

例　由双方在某年某月某日协商确定价格。

2.暂定价格

暂定价格是指在合同中先约定一个初步价格，作为开立信用证和初步付款的依据，待双方确定最后价格后，再进行最后清算，多退少补。

3.部分固定价格，部分非固定价格

为照顾双方利益，一般根据交货的时间，对近期交货部分采用固定价格，余者在交货前一定期限内定价。

4.滑动价格

在某些生产周期长的机械设备和原材性货物的交易中，由于货物价格容易受到原材料价格、工资水平等的变动影响而发生大的变化，存在一定的价格风险。为了保障双方的利益，通常会在这类货物的买卖合同中采用"价格调整条款"，即买卖双方只约定初步价格，交货时或交货前再按原料价格和工资变化来调整最后价格。目的是把价格变动的风险限定在一定范围之内，以提高客户经营的信心。

价格条款中用来调整价格的公式：

$$P = P_0 \times (A + B \times M/M_0 + C \times W/W_0)$$

式中：　P——货物交货时的最后价格；

P_0——签订合同时约定的初步价格；

M——计算最后价格时引用的有关原料的价格或指数；

M_0——签订合同时引用的有关原料的价格或指数；

W——计算最后价格时引用的有关工资的平均数或指数；

W_0——签订合同时引用的有关工资的平均数或指数；

A——经营管理费用和利润在价格中所占的比重；

B——原料在价格中所占的比重；

C——工资在价格中所占的比重。

价格由成本、费用及净利润构成。影响价格的因素有货物质量、运输情况、贸易术语、支付条件等。品质的优劣、档次的高低、包装的好坏、式样的新旧、商标和品牌的知名度等因素，都影响货物的价格；距离远近决定了运输费用的高低，尤其在一些附加值较低、运输距离较远的货物贸易中，运输费用甚至成了货物价格的重要组成部分；在不同贸易术语条件下，买卖双方承担的费用不同，因此贸易术语是核算报价的基础；支付条件的不同，也会给交易双方带来不同的费用和风险。例如，选择信用证方式支付时，由于卖方面临的风险较小而买方需预支开证保证金，因而买方会压低价格；在定价和报价时，应将汇率变动的风险、远期收款的垫款成本等也考虑到货价中去。

在 FOB、CFR、CIF 条件下，国内费用包括加工整理费、包装费、保险费、国内运费、装船费、公证费、产地证费、领事签证费、许可证费、报关单费、邮电费、贴现利息费和手续费、预计损耗；国外费用包括从装运港至目的港的运费、海上货物运输保险费、中间代理商的佣金。

二、单价的表示方法

（一）计价货币

计价货币是指买卖双方约定用来计算价格的货币。如合同中约定计价货币后，没有约定用其他货币支付，则合同中规定的计价货币也是支付货币。常用的计价货币有美元（USD）、英镑（GBP）、欧元（EUR）、加拿大元（CAD）、港元（HKD）、日元（JPY）、瑞士法郎

（CHF）。根据国际贸易的特点，用来计价的货币可以是出口国家货币，也可以是进口国家货币或双方同意的第三国货币，由买卖双方协商确定。

计价货币的币值有波动变化，而国际货物买卖的交货期又比较长，如果币值出现大幅度的起伏，其结果必然直接影响进出口双方的经济利益。因此，如何选择合同的计价货币意义重大。

同时，还需要关注汇率风险。外汇汇率是用一个国家的货币折算成另一国货币的比率、比价或价格，或是以本国货币表示的外国货币的价格。一个组织、经济实体或个人的以外币计价的资产与负债，因外汇汇率波动而引起其价值上涨或下降的可能性即为外汇风险。例如，我方从日方引进制衣设备，成交价3000万日元，一年交货。签约时，美元对日元1:200，付汇时，美元对日元1:142。我方有美元外汇，按签约时汇率计算，向日方支付15万美元，但付汇时却须支付21万美元，这就是汇率风险损失。若再考虑人民币与美元的汇率变化，损失更大。

（二）佣金

佣金（commission）是中间商为买卖双方提供贸易机会而收取的报酬。在货物买卖中，往往表现为出口商付给销售代理人、进口商付给购买代理人的佣金，分为明佣、暗佣。

1. 佣金的表示方法

（1）价格中包括佣金的，即为"含佣价"。

例 每公吨1000美元，CIF香港，包括佣金3%。

（2）用英文字母"C"代表佣金，并注明百分比。

例 每公吨1000美元，CIFC3%，香港。

（3）佣金用绝对数表示。

例 每公吨支付佣金25美元。

2. 佣金的计算方法

按成交价格或发票金额为基础计算佣金。

3. 佣金的支付方式

佣金一般在出口方收到全部货款后再另行支付给中间商。

（三）折扣

折扣（discount）是指卖方按照原价给予买方某些价格优惠，分为明折、暗折，或数量折扣、特别折扣、年终回扣。

1. 折扣的表示方法

（1）用文字表示折扣率。

例 每打200美元CIF纽约减1.5%折扣。

（2）用绝对数表示。

例 每打折扣3美元。

2. 折扣的计算公式

（1）按实际发票金额乘以约定的折扣百分率为应减除的折扣金额。

（2）按货物数量计算折扣金额。

3. 折扣的支付方式

由买方预先主动从货款中扣除。

（四）净价

净价指在进出口合同中订立的不包括佣金和折扣的价格。例：每公吨100英镑FOB净价广州。净价的计算公式：

$$净价=含佣价-佣金$$

$$含佣价=净价/（1-佣金率）$$

（五）合同中的价格条款

价格条款是国际货物买卖合同的重要条款之一，主要包括单价和总值，还涉及定价的方法及佣金和折扣的运用。

1. 单价

国际贸易货物单价由四部分组成，缺一不可，包括计量单位、单位价格金额、计价货币名称、贸易术语（港口名称）。

例 每公吨150美元FOB广州。

2. 总值

总值即成交货物的总价，等于单价乘数量。总值所使用的货币应与单价所使用的货币一致。

3. 价格条款示例

（1）单价：每公吨335美元CIF纽约包含佣金2%。货价总值：335美元／公吨×100公吨=33500美元。合同成立后，不得调整价格。

（2）每件（400磅）5000港元CIF香港。备注：上列价格为暂定价，于装运月份15天前由买卖双方另行协商确定价格。

签订合同应注意合理确定成交价格，采用适当的贸易术语，选择有利的计价货币，以免遭受币值变动带来的风险。灵活运用各种不同的作价办法，以避免价格变动的风险。单价应详细列明贸易术语、计价货币、计量单位、单位价格金额。总值与单价应为同一货币单位。参照国际贸易的习惯做法，注意佣金和折扣的运用。

第二节　国际货款支付的主要票据

一、贸易结算简介

（一）宏观贸易结算

宏观国际贸易结算主要研究国际贸易中债权和债务关系发生的原因、国际贸易结算的制度、方式、相互关系及其对一国国际收支和国际经济地位的影响等。

（二）微观贸易结算

微观国际贸易结算主要研究结算的具体方式、方法和工具，如汇款、托收、信用证等国际结算方式，以及结算票据、单据和结算业务等。

（三）非现金贸易结算

国际贸易结算一般采用非现金结算。因为现金运送风险大、费用高，还有资金周转、外汇管制等问题。非现金结算迅速、简便，可以节约现金和流通费用，加快资金周转。

非现金贸易结算是非同时进行的相对给付，结算体系以银行为中枢，具有贸易结算和融资相结合的特征。非现金贸易结算主要以票据、单据及信用证为支付工具。其中，票据包括汇票、本票、支票等；单据包括货物凭证、货物运输凭证、货物运输保险凭证、货物检验凭证等；信用证包括不可撤销跟单信用证、循环信用证、备用信用证等。

二、主要票据

票据指以支付一定数额的金钱为目的，用于清偿债权债务的凭证。在非现金贸易结算中，使用代替现金作为流通手段和支付手段的票据来结算国际债权债务。票据主要有三个特点。

（1）无因性。票据开立后，票据上的权利和义务，即与产生票据的原因相脱离。

（2）要式性。票据的记载事项、记载方式等必要条件，必须按照法律的规定进行。

（3）流通性。票据的权利可以凭背书交付而转移，不必通知债权人。

票据的主要当事人有出票人、受票人（付款人）、收款人（持票人，票据的债权人）；派生出的当事人有背书人、承兑人、持票人（收款人、被背书人）。

（一）汇票

1.汇票的含义

《中华人民共和国票据法》规定：汇票是出票人签发的，委托付款人在见票时或者在指定日期无条件支付确定金额给收款人或者持票人的票据。

2.汇票的内容

"汇票"字样、无条件支付命令、确定的金额、付款人名称、收款人名称、出票日期、出票人签章。

3.汇票的种类

（1）根据出票人的不同，分为银行汇票和商业汇票。银行汇票由银行签发，出票人和付款人都是银行；商业汇票的出票人是企业或个人，付款人可以是企业、个人或银行。

（2）根据有无附属单据，分为光票和跟单汇票。银行汇票多数为光票，商业汇票多数为跟单汇票。

（3）根据付款日期的规定，分为即期汇票和远期汇票。即期汇票要求见票即付，远期汇票要求出票一定期限后或在特定日期付款。

（4）根据承兑人的不同，分为银行承兑汇票和商业承兑汇票。银行承兑汇票是银行作为承兑人的远期汇票，商业承兑汇票是企业或个人作为承兑人的远期汇票。

根据不同的划分标准，汇票有不同的类型，一张汇票可以同时具备几种性质。例如，一张商业汇票同时可以是即期的跟单汇票；另一张远期的商业跟单汇票，同时又是银行承兑汇票。

4.票据行为

票据行为即汇票的使用，包括出票、提示、承兑、付款、背书、拒付和追索等。

（1）出票（issue）。指汇票的签发，即出票人写成汇票并在汇票上签字，将汇票交付给收款人的行为。出票时，根据收款人的写法，分为限制性抬头、指示性抬头、持票人或来人抬头。限制性抬头的汇票不能流通转让；指示性抬头的汇票经背书转让；持票人或来人抬头的汇票无须背书，凭交付即可转让。

（2）提示（presentation）。也称为"见票"，是收款人或持票人将汇票提交付款人要求付款或承兑的行为，分为付款提示和承兑提示。付款提示是指持票人向承兑人或付款人出示票据，请求付款的行为；承兑提示是指持票人向付款人出示汇票并要求付款人承诺付款的行为。

（3）承兑（acceptance）。是指汇票付款人承诺在汇票到期日支付汇票金额的票据行为。具体手续：书写"承兑"，注明承兑的日期，付款人签名，交还收款人。汇票一经承兑，付款人就成为汇票的主债务人。

（4）付款（payment）。是指在票据规定的时间和地点向收款人或持票人支付票款的行为。票据一经付款，票据责任即被解除。

（5）背书（endorsement）。是转让汇票权利的一种法定手续，是指汇票持票人在汇票背面签上自己的名字，或再加上受让人（被背书人）名，并把汇票交给受让人的行为。背书的方式与出票时收款人的写法类似，分为：限制性背书、记名背书、空白背书。限制性背书后的汇票不能再转让；记名背书后的汇票可以通过再背书转让；空白背书后的汇票不须再背书，凭交付可继续转让。

（6）拒付（dishonor）。拒付也称为退票，指持票人向付款人提示，付款人拒绝承兑或付款。付款人拒不见票、死亡或宣告破产，也构成拒付。若出现拒付，持票人有追索权，即有权向其前手（背书人、出票人）要求偿付汇票金额、利息和其他费用。

（二）本票

1. 本票的含义

出票人签发，承诺自己在见票时无条件支付确定金额给收款人的票据。

2. 本票的内容

写明"本票"字样；无条件支付承诺；收款人或指定人；出票人签字、日期、地点；付款期限、金额、地点。

3. 本票与汇票的区别

（1）含义上的区别。本票是无条件支付承诺，汇票是无条件支付命令。

（2）当事人的区别。本票有两个当事人，即出票人（付款人）和收款人；汇票有三个当事人，即出票人、付款人和收款人。

（3）责任上的区别。本票的出票人是主要债务人；汇票承兑前，出票人是主要债务人，承兑后，承兑人是主要债务人。

（4）份数上的区别。本票只能开出一张，汇票可以开出一式两份或一套几张。

（三）支票

1. 支票的含义

支票是指出票人签发的，委托办理支票存款业务的银行或其他金融机构在见票时无条件支付确定金额给收款人的票据。《英国票据法》规定：支票是以银行为付款人的即期汇票。

2. 支票的内容

写明"支票"字样；无条件支付一定金额的命令；付款人名称、收款人名称；出票日期、地点和出票人签字。

3. 支票的种类

（1）记名支票。在支票的收款人一栏，写明收款人姓名，例如"支付某某人或指定人"，取款时须收款人签章。

（2）不记名支票。也称空白支票，支票上不记载收款人姓名，只写"付来人"，取款不须收款人签章。

（3）划线支票。是在支票正面划两道平行线的支票。不能提现，只能转账，只能委托银行代收票款入账，可减少支票遗失、被窃的风险。

（4）保付支票。是指付款银行在支票上加盖"保付"戳记并签字。支票一经保付，付款银行就负有绝对付款的义务。目的是避免出票人开出空头支票，保证支票付款。

第三节　国际货款支付的主要方式

汇付和托收是国际贸易中经常采用的支付方式。按资金的流向与支付工具的传递方向，分为：顺汇、逆汇。汇付为顺汇，托收为逆汇。汇付和托收建立在商业信用的基础上。在国际贸易活动中，买卖双方存在互不信任的问题，买方担心预付款后，卖方不按合同要求发货；卖方则担心在发货或提交货运单据后，买方不付款。因此。产生了以信用证为支付工具的结算方式，以银行信用代替商业信用，在一定程度上解决了买卖双方互不信任的问题。

一、汇付

（一）汇付的含义

汇付又称汇款，指付款人主动通过银行或其他途径将款项汇交收款人的一种结算方式。属于商业信用，采用顺汇法。

（二）汇付当事人

（1）汇款人。汇款人即付款人，在国际贸易结算中，通常是进口人、买卖合同的买方或其他经贸往来中的债务人。

（2）收款人。通常是出口人、买卖合同中的卖方或其他经贸往来中的债权人。

（3）汇出行。受汇款人的委托汇出款项的银行，通常是进口人所在地的银行。

（4）汇入行。受汇出行的委托解付汇款的银行，又称"解付行"，汇入行通常是汇出行在收款人所在地的代理行。

（三）汇付的种类

根据汇出行与汇入行之间通知传递方式的不同，汇付可分为信汇（M/T）、电汇（T/T）、票汇（D/D）三种。

（1）信汇。汇出行应汇款人申请，以邮寄方式把付款委托书交给汇入行，委托汇入行解付一定金额的款项给收款人。

（2）电汇。汇出行应汇款人申请，以电报或电传的形式通知国外汇入行，委托汇入行将汇款支付给指定收款人。

（3）票汇。汇出行将汇款通知书和汇票票根寄给汇入行，汇出行向收款人开立以汇入行为付款行的银行即期汇票。票汇与信汇、电汇的不同之处在于，票汇的汇入行无须通知收款人取款，而由收款人持票登门取款。

（四）汇付的应用及特点

汇付主要应用于货到付款和预付货款，其特点主要体现在以下四个方面。

（1）商业信用。汇付虽是以银行为媒介进行国际结算，但银行在此过程中仅承担收付委托款项的责任，而对买卖双方在履行合同中的义务并不提供任何担保。汇付的实现，取决于商人的信用。

（2）风险大。无论是货到付款还是预付货款，能否按时收汇或能否按时收货，完全取决于对方的信用，买卖双方必定有一方要承担较大的风险。

（3）资金负担不平衡。无论是货到付款还是预付货款，资金负担都集中在一方。

（4）手续简便与费用低廉。在交易双方相互信任的情况下，可以采用汇付方式。

二、托收

（一）托收的含义

托收即委托收款，债权人（出口人）出具债权凭证委托银行向债务人（进口人）收取货款，属于商业信用。托收一般都通过银行办理，称为银行托收。托收的国际惯例为国际商会的《托收统一规则》，一切托收业务都必须附有委托书。

（二）托收当事人

（1）委托人。是委托银行办理托收业务的一方。在国际贸易实务中，委托人为出口人，即出口人开具汇票，委托银行向国外进口人（债务人）收款。

（2）托收行。接受出口商的委托代为收款的出口地银行。

（3）代收行。接受托收行的委托向付款人收取票款的进口地银行，一般为托收银行的国外分行或代理行。

（4）付款人。在国际贸易实务中，托收业务中的付款人为国际货物买卖合同中的买方或债务人，一般为进口人。

（三）托收的种类

根据委托人签发的汇票是否附有单据，可将银行托收分为光票托收与跟单托收，其中，根据出口人向进口人交单条件的不同，跟单托收可分为付款交单（D/P）与承兑交单（D/A）。

（1）付款交单。出口方在委托银行收款时，指示银行只有在付款人（进口方）付清货款时，才能向其交出货运单据，即交单以付款为条件，称为付款交单。按付款时间的不同，又可分为即期付款交单和远期付款交单。

（2）承兑交单。承兑交单指出口方发运货物后开具远期汇票，连同货运单据委托银行办理托收，并明确指示银行，进口人在汇票上承兑后即可领取全套货运单据，待汇票到期日再付清货款。

须注意"远期付款交单"与"承兑交单"的区别。对于远期付款交单，进口人承兑后，于汇票（远期汇票）到期日付清货款后再领取商业单据；对于承兑交单，进口人在汇票（远期汇票）上承兑便可以领取商业单据。

（四）托收的应用及特点

属于商业信用，风险较大。对卖方而言，存在买方不付款的风险；对买方而言，存在付款赎单后货物与合同不符的风险。整体上，托收方式对买方比较有利，费用低、风险小、资金负担小，甚至可以取得卖方的资金融通。对卖方来说，即使是付款交单方式，因为货已发运，万一对方因市价低落或财务状况不佳等原因拒付，卖方将遭受来回运输费用的损失和货物转售的损失。

三、信用证

（一）信用证的含义

信用证（letter of credit，L/C）是银行根据进口人的请求和指示向出口人开立的一定金额的、有条件的承诺付款（凭装运单据付款）的书面文件。实际是一种银行担保，是开证银行以自身的信用向出口方提供的一种付款保证。《跟单信用证统一惯例（2007年修订本）》（UCP600）在"定义"中规定：信用证意指一项不可撤销的安排，不论其如何命名或描述，该项安排构成开证行对相符交单予以承付的确定承诺。

信用证属于银行信用，以银行信用代替商业信用，在一定程度上解决了国际贸易活动中买卖双方互不信任的问题，是国际贸易中常用的支付方式。

（二）信用证当事人

（1）开证申请人。向开证银行申请开立信用证的人，一般是进口人。在信用证中又称开证人。

（2）开证行。接受开证申请人的委托，开立信用证的银行，是进口地的银行，一般是申请人的开户银行，开证行负首要付款责任。

（3）通知行。指受开证行的委托，将信用证转交出口人的银行，是出口地所在银行。它只证明信用证的真实性，不承担其他义务。

（4）受益人。指信用证上所指定的有权使用该证的人，即出口人或实际供货人。

（5）议付行。指买入或贴现受益人按信用证规定提交的汇票或单据的银行。

（6）付款行。信用证上指定的付款银行，在多数情况下，付款行就是开证行。

（7）保兑行。受开证行委托对信用证以自己名义保证的银行，在信用证上加批"保证兑付"。

（8）承兑行。对受益人提交的汇票进行承兑的银行，亦是付款行。

（9）偿付银行。代开证行向议付行、承兑行等清偿垫款的银行。

（三）信用证的主要内容

实质是买卖合同的单据要求加银行的付款保证，主要包括以下五项说明。

（1）对信用证本身的说明。例如，种类、性质、有效期及到期地点。

（2）对汇票的说明。例如，汇票中的出票人、付款人、汇票期限、出票条款。

（3）对货物的说明。例如，货物描述中的货名、数量、单价。

（4）对运输事项的说明。例如，运输条款中的装货港、卸货港或目的地、装运期限、可否分批装运、可否转运。

（5）对单据的说明。例如，规定应提交哪些单据（发票、提单、保险单、装箱单、重量单、产地证、商检证书），各种单据的份数，以及这些单据应表明的货物名称、品质规格、数量、包装、单价、总金额、运输方式、装卸地点等。

在国际货物买卖合同中应对信用证条款做出以下明确的规定：开证时间、开证银行、受益人、信用证类别、信用证金额信用证有效期和到期地点。

信用证的国际惯例有《跟单信用证统一惯例（2007年修订本）》（UCP600）及《跟单信用证统一惯例（1993年修订本）》（UCP500）。

（四）信用证的支付流程

（1）进出口双方当事人应在买卖合同中明确规定采用信用证方式付款。

（2）进口人向其所在地银行提出开证申请，填具开证申请书，并交纳一定的开证押金或提供其他保证，请银行（开证银行）向出口人开出信用证。

（3）开证银行按申请书的内容开立以出口人为受益人的信用证，并通过其在出口人所在地的代理行或往来行（统称通知行）把信用证通知出口人。

（4）出口人在按信用证规定发货后，取得货物装船的有关单据，并开出汇票，在信用证有效期内，向所在地银行交单，办理议付货款。

（5）议付银行核验信用证和有关单据合格后，按照汇票金额扣除利息和手续费，将货款垫付给出口人，出口人收到后即可结汇。

（6）议付银行将汇票和货运单寄给开证银行收账，开证银行收到汇票和有关单据后，通知进口人付款。

（五）信用证的作用

在一定程度上解决了进出口商互不信任的矛盾，为进出口双方提供资金融通的便利。

1.保证作用

对出口商而言，保证出口商凭单取得货款；对进口商而言，按时收到装运单据，确保取得出口商履行买卖合同的证据。

2.融资作用

出口商在交货前可凭信用证作抵押向出口地银行借取打包贷款；进口商在申请开证时，如果开证行认为其资信较好，有可能在少交或免交部分押金的情况下开证；采用远期信用证，进口商可以凭信托收据向银行借单，先行提货、转售，到期再付款。

（六）信用证的特点

1.信用证是一项自足文件

银行只对信用证负责，不受买卖合同或其他合同的约束；信用证和买卖合同是各自独立存在的两种法律关系；信用证依据买卖合同订立，又独立于合同。UCP500第三条中明确规定："就性质而言，信用证与可能作为其依据的销售合同或其他合同，是相互独立的两种交易。即使信用证中提及该合同，银行亦与该合同完全无关，且不受其约束。"该条款还进一步指出：“一家银行做出付款、承兑并支付汇票或议付及／或履行信用证项下其他义务的承诺，并不受申请人与开证行之间或与受益人之间在已有关系下产生的索偿或抗辩的制约。”

2.信用证方式是纯单据业务

银行对单据的形式、完整性、准确性、真实性等概不负责，但要求单证相符，即受益人提交的单据与信用证规定的条款相符合；单单不得互不一致，即受益人提交的各种单据不得互不一致。UCP500第四条明确规定：“在信用证业务中，各有关当事人处理的是单据，而不是单据所涉及的货物、服务／或其他行为。”在信用证业务中，只要受益人提交符合信用证条款的单据，开证行就应承担付款责任，进口商也应接受单据并向开证行付款赎单。如果进口人发现货物不符合买卖合同规定，可凭单据向有关责任方提出损害赔偿要求，而与银行无关。

3.开证行负首要付款责任

信用证是一项约定，按此约定，凭规定的单据在符合信用证条款的情况下，开证银行自己或授权另一银行向受益人或其指定人进行付款，或承兑并支付受益人开立的汇票，或授权另一银行议付。因而，信用证开证银行的付款责任不仅是首要的而且是绝对的，即使进口人事后失去偿付能力，只要出口人提交的单据符合信用证条款，开证银行也要负责付款。

（七）信用证的种类

信用证有多种分类标准，例如，根据信用证项下的汇票是否附有货运单据，划分为跟单信用证和光票信用证；根据信用证是否可撤销，划分为不可撤销信用证和可撤销信用证；根据信用证的付款时间，划分为即期信用证和远期信用证；根据信用证是否可转让，划分为可转让信用证和不可转让信用证；根据信用证是否保兑，分为保兑信用证和不保兑信用证；根据信用证金额是否可循环，划分为循环信用证和不可循环信用证。此外，还有其他一些种类，例如对开信用证、背对背信用证、预支信用证、备用信用证、议付信用证等。

（1）跟单信用证。开证行凭跟单汇票或仅凭装运单据付款的信用证，国际贸易结算中所使用的信用证绝大部分是跟单信用证。

（2）光票信用证。是凭不附带单据的汇票付款的信用证。

（3）可撤销信用证。是指开证行对所开信用证不必征得受益人同意有权随时撤销的信用证。

（4）不可撤销信用证。是指信用证一经开出，在有效期内，未经受益人及有关当事人的同意，开证行不能片面修改或撤销的信用证。此种信用证在国际贸易中使用多。

（5）保兑信用证。是指经开证行以外的另一家银行加具保兑的信用证。保兑信用证主要是受益人（出口商）对开证行的资信不了解，对开证行的国家政局、外汇管制过于担心，怕收不回货款而要求加具保兑的要求，从而使货款的回收得到了双重保障。

（八）信用证的风险

由于信用证操作流程复杂、信用证自身的特点以及银行信用参差不齐等问题，信用证项下的风险会更加隐蔽，出口方面临的风险也很大。信用证支付风险主要有：针对出口方的延迟开证风险和软条款约束风险，针对进口方的假单据欺诈风险。

信用证中的"软条款"即附加条款，指开证人在信用证中加列一些出口商看似无所谓但实际是无法满足的信用证付款条件，例如，主动权掌握在开证申请人手中，受益人无法控制的条款或意思含糊不清、模棱两可的条款。受益人难以满足这些条款而给其安全收汇带来相当大的困难和风险。常见"软条款"如下所示。

（1）开证申请人（买方）通知船公司、船名、装船日期、目的港、验货人等，受益人才能装船。此条款使卖方装船完全由买方控制。例如，我国某贸易公司与美国某贸易公司签订了销往香港的5000件男士西服合同，总金额为50万美元，买方通过香港某银行开出了上述合同项下的第一笔信用证，金额为19万美元。信用证规定："货物只能待收到申请人指定船名的装运通知后装运，而该装运通知将由开证行随后以信用证修改书的方式发出。"该贸易公司收到来证后，即把质保金16万元人民币付给了买方指定代表。装船前，买方代表来产地验货，以货物质量不合格为由，拒绝签发"装运通知"，致使货物滞留产地，中方公司根本无法发货收汇，损失十分惨重。

（2）信用证开出后暂不生效，待进口许可证签发后通知生效，或待货样经申请人确认后生效。此类条款使出口货物能否装运，完全取决于进口商，出口商则处于被动地位。出口商见信用证才能投产，生产难安排，装期紧，出运有困难。

（3）1/3正本提单直寄开证申请人。买方可能持此单先行将货提走。例如，2020年，我国一服装企业出口一批女装，信用证付款。在接下来的第二次交易中，进口方提出近海运输的理由，要求1/3提单寄单。随后，该进口企业凭借提单提货后迟迟不付款赎单。服装出口企业遭受推迟收款及利息损失。

（4）记名提单，承运人可凭收货人合法身份证明交货，不必提交本提单。

（5）信用证限制运输船只、船龄或航线等条款。

（6）收货收据须由开证申请人签发或核实。此条款使买方拖延验货，使信用证失效。

（7）自相矛盾，例如，既规定允许提交联运提单，又规定禁止转船。

（8）含空运提单的条款，提货人签字就可提货，不需交单，货权难以控制。有的信用证规定提单发货人为开证申请人或客户，可能被不法商人利用此特殊条款无单提货。

（9）品质检验证书须由开证申请人或其授权者签发，由开证行核实，并与开证行印鉴相符。采用买方国货物检验标准，此条款使卖方由于采用本国标准而无法达到买方国标准，使信用证失效。

（10）信用证到期地点在开证行所在国，有效期在开证行所在国，使卖方延误寄单，单据寄到开证行时已过议付有效期。

（11）规定受益人不易提交的单据，如要求使用CMR运输单据（我国没有参加《国际公路货物运输合同公约》，所以我国的承运人无法开出"CMR"运输单据）。

（12）一票货物，信用证要求就每个包装单位分别缮制提单。

（13）设置质量检验证书障碍，伪造质检证书。

（14）本证经当局（进口国当局）审批才生效，未生效前不许装运。

（15）易腐货物要求受益人先寄一份提单，持此单可先行提货。

（16）货款须于货物运抵目的地经外汇管理局核准后付款。

（17）卖方议付时须提交买方在目的港的收货证明。

（18）产地证书签发日晚于提单日期，这会被怀疑未经检验先装船，装船后再检验。

（19）延期付款信用证下受益人交单在先、银行付款在后，风险大，应加具保兑。

（20）不接受联合发票，进口国家拒绝接受联合单据。

（21）信用证规定指定货代出具联运提单，当一程海运后，二程境外改空运，容易被收货人不凭正本联运提单提货。

（22）信用证规定受益人在货物装运后如不及时寄1/3提单，开证申请人将不寄客检证，使受益人难以议付单据。

思考题　>>>

（1）判断下列我方出口单价的写法是否正确，如有错误或不完整，请更正或补充。

①每码3.50元CIFC香港。

②每箱500英镑CFR净价英国。

③每吨1000美元FOB伦敦。

④每打100欧元FOB净价减1%折扣。

⑤2000日元CIF上海包含佣金2%。

（2）在买卖合同中规定，整套机械设备的初步价格为200万美元，双方同意按某物价指数和工资指数在交货时调整价格。现已知约定原材料在价格中的比重为50%，工资在价格中的比重为30%，管理费和利润在价格中占20%。签订合同时约定的基期物价工资指数均为100，交货时物价指数上升到110，工资指数上升到112。该合同调整后的价格应为多少？

（3）本票、支票与汇票的含义及区别。

（4）在信用证支付条件下，买卖双方有哪些风险？如何防范？

（5）某出口公司对美国一进口公司成交女上衣1000件，合同规定绿色和红色上衣按3:7搭配，即绿色300件，红色700件。后国外来证上为红色30%，绿色70%，但该出口公司仍按原合同规定的花色比例装船出口，后信用证遭银行拒付。

问题：为什么银行拒付？收到来证后，我方应如何处理？

（6）国外贸易公司从我进出口公司购买男上装2000件，合同规定，1月30日前开出L/C，

2月5日前装船。1月28日买方开来L/C，有效期至2月10日。后由于卖方不能按期装船，故电请买方将装船期延至2月17日并将L/C有效期延至2月20日，买方回电表示同意，但未通知开证行。2月17日货物装船后，卖方到银行议付时遭到拒绝。

问题：银行是否有权拒绝付款，为什么？作为卖方，应当如何处理此事？

12

>> 国际货物买卖合同的订立与履行

　　国际货物买卖合同的订立一般包括询盘、发盘、还盘、接受四个步骤。其中，发盘、接受是必经的两个环节。本章主要介绍国际货物买卖合同的订立的四个环节。须重点理解、区分"还盘"和"有条件的接受"。

　　履行合同既是经济行为，又是法律行为，应坚持"重合同、守信用"的原则。一份进出口合同的履行涉及买卖双方义务的履行，出口商主要是交货、交单、转移货物的所有权；进口商主要是受领货物、支付货款。除了买卖双方，还涉及众多的当事人和利益相关者，如船公司、保险公司、商检部门、海关、银行、货运代理人、外汇管理局等。

第一节　国际货物买卖合同的订立

一、订立前的准备

（一）选配参加谈判的人员

　　参加磋商的人员需要熟悉相关国家政策；掌握商务知识，如货物知识、市场知识、金融知识以及运输、保险等方面的知识；熟悉、了解国际贸易方面的法律、惯例；能熟练应用外语，并善于机动灵活地处理洽商过程中出现的各种问题。

（二）选择目标市场

　　选择目标市场需要调查有关国家或地区的经济状况、对外贸易方针政策和国别（地区）政策，进出口商品结构、数量、金额，贸易对象国（地区），贸易与外汇管制等有关对外经济往来的情况及其特点。在巩固原有传统市场的同时，还应不断开拓新市场，以扩大销路。

　　确定目标市场后，还需要调查目标进口国相关货物的品种、花式、质量、包装、原材料、技术水平以及生产、消费、贸易、成本、价格等情况。

（三）选择交易对象

　　需要了解、分析客户的政治和文化背景、资信情况、经营范围、经营能力等方面的情况，包括现有客户和潜在客户。

（四）制定进出口交易经营方案

　　主要是国内货源情况和目标市场情况，还有具体的计划安排和实现计划的措施，包括市场安排、物色客户、广告宣传、贸易方式、价格与支付、成本核算等。

（五）交易磋商

　　买卖双方以买卖某种货物为目的而通过一定程序就交易的各项条件进行洽商并最后达成协议的全过程，目的是共同取得一致意见、达成交易。洽商内容包括买卖货物的品质、数量、包装、价格，运输、保险、支付、货物检验、争议、索赔、不可抗力和仲裁等交易条件。交易磋商是达成协议和确定双方权利、义务与责任的关键阶段。

二、询盘

（一）询盘的含义

准备购买或出售货物的人向潜在的供货人或买主探询该货物的成交条件或交易的可能性的业务行为，不具有法律上的约束力。

（二）询盘的法律效力

询盘不是每笔交易必经的步骤，对双方在法律上均无约束力。但在合同订立后，询盘内容就成为磋商成交文件的不可分割部分，若履约时双方发生争议，同样可作为处理争议的依据。

（三）询盘的内容

询盘的内容包括货物的品质、规格、数量、包装、价格和装运等成交条件。多数是询问成交价格，因此又称为"询价"。有时还表达了与对方交易的愿望。

三、发盘

（一）发盘的含义

发盘又称为"发价""报价"，在法律上称为"要约"。《公约》规定：向一个或一个以上特定的人提出的订立合同的建议，如果十分确定并且表明发价人在得到接受时承受约束的意旨，即构成发价。发盘可由卖方提出，也可由买方提出。《公约》将发盘分为不可撤销的发盘和可撤销的发盘，两者对发盘人都有约束力，且前者约束力更大。

（二）构成有效发盘的条件

1.应向一个或一个以上特定的人提出

发盘应向一个或一个以上特定的人提出，即向有名有姓的公司或个人提出。目的是把发盘同普通商业广告及向广大公众散发的货物价目单等行为区别开来。

对广大公众发出的商业广告是否构成发盘，大陆法不得视为发盘；英美法只要内容确定，在某些场合下也可以视为发盘。《公约》规定：非向一个或一个以上特定的人提出的建议，仅应视为邀请发盘，除非提出建议的人明确地表示相反的意向。

2.内容必须十分确定

至少需要品名、数量、价格三方面的规定。标明货物的名称；明示或默示规定货物的数量或规定数量的方法；明示或默示规定货物的价格或规定确立价格的方法。对于发盘中没有提到的其他条件，如包装、交货、支付等，在合同成立后以双方当事人建立的习惯做法及采用的惯例予以补充，或者按《公约》中关于货物销售部分的有关规定予以补充。

关于"发盘内容确定"，《公约》第十四条规定："一个建议如果写明货物并且明示或暗示地规定数量和价格或规定如何确定数量和价格，即为十分确定。"因此只要列明货物、价格和数量三个交易条件，即认为内容十分确定，其他条件可在合同订立后，按双方之间已确立的习惯做法惯例或按《公约》第三部分（货物销售）予以补充。

3.必须表明发盘人对其发盘一旦被接受即受约束的意思

所谓"承受约束"是指发盘人于得到受盘人对该发盘接受时，承担按发盘条件与受盘人订立合同的责任。表明"承受约束"的旨意可以是明示和默示两种。

（三）发盘的有效期

两种规定方法，规定一段接受的期限或规定最迟接受的期限。须注意，采用口头发盘时，除发盘人发盘时另有声明外，受盘人只能当场表示接受，方为有效。若未规定有效期，受盘人应在合理时间内接受才能有效，"合理时间"须根据具体情况而定。

例 一法国商人于某日上午走访我国外贸企业洽购某货物。我方口头发盘后，对方未置可否，当日下午法商再次来访表示无条件接受我方上午的发盘，那时，我方已获知该项货物的国际市场价格有趋涨的迹象。对此，我方应如何处理？

中国与法国均系《公约》缔约国，在洽谈过程中，双方对《公约》均未排除或做出任何保留。因此，双方当事人均应受该《公约》约束。按《公约》规定：对口头要约，须立即接受方能成立合同。据此，我方鉴于市场有趋涨迹象，可以予以拒绝或提高售价继续洽谈。

（四）发盘生效的时间

根据《公约》规定，发盘于送达受盘人时生效。如发盘由于在传递中遗失以致受盘人未能收到，则该发盘无效。确定发盘生效时间的法律和实践意义，一是关系到受盘人能否表示接受，受盘人收到发盘、发盘生效后，受盘人才能表示接受，二是关系到发盘人何时可以撤回发盘或修改其内容。

（五）发盘的撤回与撤销

1.发盘撤回

在发盘送达受盘人之前，即发盘生效之前，将其撤回，以阻止其生效。

2.发盘撤销

若发盘已送达受盘人，即发盘生效之后，将其发盘取消，使其失去效力。在未接受之前，发盘可以撤销，但要求撤销通知在受盘人发出接受通知前送达受盘人。

在发盘撤销这个问题上，英美法和大陆法存在着原则上的分歧。《公约》为协调解决两大法系在这一问题上的矛盾，一方面规定发盘可以撤销，另一方面对撤销发盘进行了限制。《公约》第十六条第2款则规定："在下列情况下，发价不得撤销：（a）发价写明接受发价的期限或以其他方式表示发价是不可撤销的；或（b）被发价人有理由信赖该项发价是不可撤销的，而且被发价人已本着对该项发价的信赖行事。"

（六）发盘失效

指发盘的法律效力消失。按照相关惯例，导致发盘失效有以下情况：

（1）受盘人拒绝而失效。

（2）发生不可抗力事件。

（3）发盘有效期已过，即在发盘规定的有效期内未被接受。

（4）发盘人或受盘人在发盘被接受前丧失行为能力。

（5）发盘人依法撤销。

四、还盘

（一）还盘的含义

还盘又称为"还价"，法律上称为"反要约"，是指受盘人不同意或不完全同意发盘提出的各项条件，并提出了修改意见，建议原发盘人考虑，即还盘是对发盘条件进行添加、限制或其他更改的答复。若这些添加、限制或其他更改是在实质上变更了发盘条件，就构成了对发盘的拒绝。

（二）对"实质上变更发盘条件"的理解

实质上变更发盘的条件，主要指对有关货物价格、付款、货物质量和数量、交货地点和时间、一方当事人对另一方当事人的赔偿责任范围或解决争端的办法等条件的添加、限制或更改。但须注意，非实质性的添加、限制和更改，仍可构成有效接受，即"有条件的接受"。例如，要求增加重量单、装箱单、原产地证明或某些单据的份数等，除非发盘人在不过分迟延的时间内表示反对其间的差异外，仍可构成有效的接受，使合同得以成立。

（三）还盘的法律后果

还盘是对发盘的拒绝或否定，否定原发盘，原发盘失效；还盘等于受盘人向原发盘人提出的一项新发盘。因此，若受盘人还盘后又接受原来的发盘，合同不成立。

五、接受

（一）接受的含义

接受在法律上称为"承诺"，是指受盘人在发盘规定的时限内，以声明或行动表示同意发盘提出的各项条件。

（二）构成有效接受的条件

1.必须由受盘人作出

接受必须是发盘中指明的受盘人做出，如有其他人同意发盘条件，不构成接受，只能视为他向发盘人做出的发盘。

2.必须在发盘规定的时效内作出

接受必须在发盘的有效期内送达到发盘人才有效。须注意，采用口头发盘时，除发盘人发盘时另有声明外，受盘人只能当场表示接受，方为有效。

3.接受必须表示出来

表示接受的方式有申明和行动。申明是受盘人用口头或书面形式向发盘人表示同意发盘；用行动表示主要有发货或开立信用证等。缄默或不行动不构成接受。《公约》第十八条第3款规定："如果根据该项发价或依照当事人之间确立的习惯做法和惯例，被发价人可以做出某种行为，例如与发运货物或支付价款有关的行为，来表示同意，而无须向发价人发出时通知，则接受于该项行为做出通知，但该项行为必须在上一款所规定的期间内做出。"

4.接受通知的传递方式应符合发盘的要求

发盘人发盘时，有的具体规定接受通知的传递方式，也有未作规定的。如发盘没有规定传递方式，则受盘人可按发盘所采用的方式，或采用比其更快的传递方式将接受通知送达发盘人。

5.必须是同意发盘所提出的交易条件

构成有效的接受，必须是同意发盘所提出的交易条件。因为对交易条件提出实质性修改，不能构成接受只能视作还盘。但须注意，受盘人在表示接受时，对发盘内容提出某些非实质性的添加、限制和更改，仍可构成有效接受，合同的条件以该项发盘的条件以及接受中所提出的某些更改为准。

（三）接受生效的时间

在接受生效的时间上，英美法采用投邮主义，即接受通知书一经投邮或发出，立即生效；而大陆法采用到达主义，即接受通知书必须到达发盘人时才生效。《公约》明确规定，接受送达发盘人时生效或以受盘人采取某种行为（例如，习惯做法和惯例）时生效。

（四）逾期的接受

各国法律一般认为逾期的接受无效，《公约》对此作了灵活的处理。《公约》第二十一条规定：逾期接受仍有接受的效力，如果发盘人毫不迟延地用口头或书面将此种意见通知受盘人（条件）。因此，如果发盘人对逾期的接受表示拒绝或不立即向受盘人发出上述通知，则该项逾期的接受无效。可见，逾期的接受是否有效，关键要看发盘人如何表态。

例　我某服装出口企业对意大利某商人发盘限10日复到有效，9日意商人用电报通知我方接受该发盘，由于电报局传递延误，我方于11日上午才收到对方的接受通知，而我方在收到接受通知前获悉市场价格已上涨。对此，我方应如何处理？

此种情况为逾期的接受，中国与意大利均系《联合国国际货物销售合同》缔约国，该案双方在洽谈过程中，均未排除或作出任何保留，因此，双方当事人均应受《公约》约束。我方于11日收到意商的接受电报属因传递延误而造成的逾期接受。因此，如我方不能同意此项交易，应即复电通知对方：我方原发盘已经失效。如我方鉴于其他原因，愿按原发盘达成交易、订立合同，可回电确认。

（五）接受的撤回或修改

《公约》第二十二条规定，如果撤回通知于接受原发盘通知生效之前或同时到达发盘人，接受得以撤回。接受一旦送达，即告生效，合同成立，受盘人无权单方面撤销或修改其内容。

第二节　出口合同的履行

本节以CIF合同、信用证付款方式为例，介绍出口合同的履行。出口合同的履行可以总结为"货""证""船""款"四个环节。"货"主要指备货与报验；"证"主要指催证、审证和改证；"船"主要指办理出口手续，包括租船订舱、报关、投保，"款"主要指L/C项下的制单结汇，非L/C结汇与国际保理业务。

一、备货与报验

（一）备货

1.备货的含义

备货是出口企业根据合同或信用证的规定，向有关企业或部门采购和准备货物的过程。目前，根据出口企业的不同，有两种情况：一种是生产型企业备货，另一种是贸易型企业备货。生产型企业备货：向生产加工或仓储部门下达联系单，要求该部门按联系单的要求，对应交货物进行清点、加工整理、包装、刷制运输标志以及办理申报检验和领证等项工作。贸易型企业备货：向国内有关生产企业联系货源，订立国内采购合同。

2.备货的注意事项

（1）货物的品质、规格方面。须注意：合同中品质的表示方式、合同订立前向买方的质量宣传、凭样品销售的品质差异问题、实际品质高于规定品质问题。

（2）货物的数量方面。英美法与《公约》对交货数量方面的违约责任的规定不尽相同。英美法规定：数量不符合同，买方可以拒收全部或接受全部或拒收部分。《公约》规定：除非根本性违约，卖方短交货物，合同仍有效，卖方补交并赔偿买方损失；若卖方多交，买方收取规定数量，对超交部分可以拒收或收取部分或收取全部。还须注意合同中数量机动幅度条款的相关规定。

（3）备货时间。一般是结合船期，根据合同与信用证规定交货时间和装运期限。在备货环节需要关注信用证的开立，信用证认可后备货。还须注意分批分期问题。

（4）货物的包装方面。《公约》第三十五条规定，卖方交付的货物必须与合同所规定的数量、质量和规格相符，并须按照合同所规定的方式装箱或包装。除双方当事人已另有协议外，应按同类货物通用的方式装箱或包装，如果没有此种通用方式，则按照足以保全和保护货物的方式装箱或包装，否则即为与合同不符。还须核查内外包装及装潢、包装标志、包装体积和重量。出口货物属于长途运输，须经过多次搬运和装卸，除按合同规定外，还应注意以下问题：尽量安排将货物装运到集装箱中或牢固的托盘上；必须将货物充满集装箱并做好铅封工作；集装箱中的货物应均匀放置且均匀受力；为了防止货物被盗，货物的外包装上不应注明识别货物的标签或货物的品牌；由于运输公司按重量或体积计算运费，出口企业应尽量选择重量轻的小体积包装，以节省运输费用；对于海运货物的包装，应着重注意运输环境变化出现的潮湿和冷凝现象；对于空运货物的包装，应着重注意防止货物被偷窃和被野蛮装卸的情况；对于包装尺寸的要求，应与有关运输部门及时联系。

（5）货物外包装的运输标志方面。正确刷制运输标志具有重要意义，可以保证货物被适当处置，帮助收货人识别货物，掩盖包装内货物的性质，也是贸易相关国家运输和海关的规定。

（二）报验

1.报验的含义

报验是指出口企业在货物备妥后，根据约定条件或国家规定向货物检验机构申请对出口货物进行检验的环节，出口货物检验范围包括国家规定法检的货物和合同规定必须检验的货物，其目的在于提高货物质量，建立国际市场信誉，促进对外贸易，保障国内外消费者的利益。2018年4月20日起，原中国出入境检验检疫部门正式并入中国海关。因此，目前我国的进出口货物检验机构为海关。

2.我国出口货物的报验范围

（1）《商检机构实施检验的进出口货物种类表》内的进出口货物。

（2）出口食品卫生检验检疫以及出口动物产品的检疫。

（3）出口危险品包装容器的性能鉴定和使用鉴定。

（4）装运出口易腐烂变质食品的船舱、集装箱等。

（5）其他法律或者行政法规规定必须经商检机构检验的出口货物。

（6）对外贸易合同、信用证规定由商检机构检验出证的货物。

（7）对外贸易关系人申请的鉴定业务。

（8）委托检验业务。

3.报验流程

（1）报验。填写"报验申请单"（检验、鉴定工作项目和要求），提交买卖合同，成交小样及其他必要的资料。

（2）抽样。商检机构接受报验之后及时到达货存地点，按照规定的方法进行现场检验、鉴定。现场检验一般采取国际贸易中普遍使用的抽样法，抽样时，要根据不同的货物形态，按照规定的方法和一定的比例，在货物的不同部位抽取一定数量的、能代表全批货物质量的样品（标本）供检验之用。

（3）检验。根据检验依据（合同或信用证），确定检验内容、标准和方法，采用仪器分析、物理分析、感官分析等各种技术手段进行检验。

（4）签证与放行。海关对检验合格的货物签发相应的检验检疫证书，出口企业即凭此在规定的有效期内报关出口。

二、催证、审证和改证

催证、审证和改证为落实信用证的三项内容。落实信用证是履行采用信用证支付的出口合同中不可缺少的重要环节。出口方为了维护自己的权益，必须做好对信用证的掌握、管理和使用。

（一）催开信用证

催证是指当买方未按合同规定的时间开来信用证时，卖方通过函电或其他方式催促买方迅速开出信用证。必要时，可请我驻外商务机构或中国银行协助，代为催证。

在出口合同中，买方按时开证是卖方正常履约的前提。但在实际业务中，当买方遇到国际市场变化对其不利，或在资金发生短缺的情况下，往往拖延开证和不开证。下列几种情况须催证：大宗货物交易，按买方要求特制的货物交易，卖方根据货源和运输情况可提前交货，合同规定的装运期距合同签订的日期较长。

（二）审核信用证

审核的依据是合同和UCP600。审证的基本原则就是要求信用证条款与合同的规定相一致，除非事先征得我方出口企业的同意，在信用证中不得增减或改变合同条款的内容。审证工作由银行和进出口公司共同承担。银行审核开证行的政治背景、资信情况、付款责任和索汇路线，以及鉴定信用证真伪等。进出口公司则着重审核信用证内容与合同条款是否一致。

1. 对照合同审核

受益人在审核信用证时应认真核对该合同，保证其内容与该合同条款"相一致"。这并非指信用证条款与合同条款的表面上的严格一致，而是指在保证受益人的利益不低于合同规定或在受益人愿意给予对方利益让步的范围内，若信用证的条款均可视为与合同内容的"相一致"，受益人应予以接受。例如，合同规定"partial shipment and transshipment not allowed 不允许分批与转运"，来证规定"partial shipment and transshipment allowed 允许分批与转运"，受益人应要求修改。

2. 对照UCP600审核

UCP600的内容包括六大部分，即总则与定义、信用证的形式与通知、责任与义务、单据、杂项规定和可转让信用证，已成为当事人保证信用证得以正常运作必须遵循的国际惯例。例如，在确定信用证的种类及性质、交单期、到期日及地点等是否合理时，应遵循UCP600的规定。信用证注明"不可撤销"或未注明"不可撤销"或"可撤销"，均可视为"不可撤销"。

3.按照业务实际与商业习惯审核

对于出口合同中未作规定或无法根据UCP600来作出判断的信用证条款，受益人应根据业务实际与商业习惯来审核。这些条款一般被列在信用证的附加条款中，即信用证的"软条款"。"软条款"相关内容已在信用证支付风险中详细介绍。

（三）修改信用证

修改信用证应一次性提出需要修改的所有内容；对开证行的同一修改通知书中的内容不可部分接受，也就是对修改通知书内容只能全部接受或全部拒绝，并立即向通知行表示，不可在未接到修改通知书之前贸然出运；修改信用证的内容要征得开证人的同意，由开证行发改证通知才有效；在受益人向通知行表示接受修改前，原证条款仍对其有效。

三、办理出口手续

办理出口手续主要包括运输、报关、投保等环节。

（一）运输（主要包括租船订舱和装船）

出口公司一般委托货运服务机构办理货物运输。货运服务机构有国际储运公司、国际货运代理公司、国际运输联盟等类型。国际储运公司最初是为了给等待装运的货物提供仓储服务，现在的业务有仓储服务、货物的拼箱装箱、装运前的运输、办理国际运输，充当国际货运代理人的角色。国际货运代理公司比国际储运公司的业务范围广，业务有租船订舱、货物报关、转运及理货、仓储、集装箱的拼箱及拆箱、国际多式联运、物流管理、运输咨询等。国际运输联盟是指在国际上具有一定实力的规模较大的货运公司，凭借在全世界各地的运输代理机构，与不同地区的各有优势的货运代理公司结成运输战略联盟，为客户提供复杂、系统的大型工程项目的运输服务。

（二）报关

出口公司向装运港海关申请报关，一般也委托货运服务机构办理。《中华人民共和国海关法》规定：所有进出境的货物和运输工具必须通过设有海关的地方进境或出境，并接受海关的监督。即只有经过海关查验放行后，货物才能提取或装运出口。只有在海关办理登记注册手续的有关企业才能报关。负责报关的人员须经海关培训并经海关考核合格，发给《报关员证件》后，才能负责办理有关报关事宜。《中华人民共和国海关法》规定："出口货物的发货人除海关特准的外应当在货物运抵海关监管区后、装货的二十四小时以前，向海关申报。"海关在规定时间内接受报关单位的申报后要经过审核单据、查验货物、办理征税、结关放行等几个步骤。在出口贸易中，只有当海关经查验后同意放行并在装货单或运单上盖放行章后，出口人才可以把货物装船出运。

（三）投保

在CIF条件下，出口公司向保险公司办理投保手续。在以CIF术语成交时，由出口公司作为投保人向保险公司办理投保手续。具体流程：

（1）在备齐货物、收到配舱回单后，投保人确定投保的金额。

（2）向保险公司投保，填制投保单。

（3）保险公司审核后，若同意承保，则投保人支付保险费，取得保险单。

四、L/C项下的制单结汇

在我国出口业务中，使用议付信用证比较多。对于这种信用证的出口结汇办法，主要有三种：收妥结汇、押汇及定期结汇。

（一）结汇方式

1. 收妥结汇

又称收妥付款，是在出口地银行收妥货款。指信用证议付行收到出口企业的出口单据后，经审查无误，将单据寄交国外付款行索取货款的结汇做法。在这种方式下，议付行是待收到付款行的货款后，即从国外付款行收到该行账户的贷记通知书时，才按当日外汇牌价，按照出口企业的指示，将货款折成人民币拨入出口企业的账户。

2. 押汇

又称买单结汇或议付。是议付行对信用证受益人提供的资金融通。指议付行在审单无误的情况下，按信用证条款贴现受益人（出口公司）的汇票或以一定的折扣买入信用证项下的货运单据，从票面金额中扣除从议付日到估计收到票款之日的利息，将余款按议付日外汇牌价折成人民币，拨给出口企业。押汇给出口企业提供资金融通的便利，有利于出口企业的资金周转。

3. 定期结汇

议付行根据向国外付款行索偿所需时间，预先确定一个固定的结汇期限，并与出口企业约定该期限到期后，无论是否收到付款行的货款，都主动将票款金额折成人民币拨交出口企业。

（二）不符点的处理

在信用证项下的制单结汇中，议付行要求"单、证表面严格相符"。在实际业务中，由于种种原因，单证不符情况时常发生。若信用证的交单期允许，应及时修改单证，使之与信用证的规定一致。如果不能及时修改单证，有如下处理方法。

1. 表提

又称"表盖提出"或"凭保议付"。当信用证受益人在提交单据时，如存在单证不符，可向议付行主动书面提出单、证不符点。议付行要求受益人出具担保书，担保如日后遭到开证行拒付，由受益人承担一切后果，议付行为受益人议付货款。一般在单、证不符情况不严重的情况下采用。

2. 电提

又称"电报提出"。在单、证不符的情况下，议付行先向国外开证行拍电报或电传，列明单、证不符点，待开证行复电同意再将单据寄出。一般在单、证不符属实质性问题、金额较大的情况下采用。

3. 跟证托收

出现单、证不符，议付行不愿用表提或电提方式征询开证行意见，出口企业采取托收方式，委托银行寄单代收货款。表提、电提、跟证托收，信用证受益人都失去了开证行在信用证中所做的付款保证，出口收汇从银行信用变成商业信用。

五、非L/C结汇与国际保理业务

在国际贸易实务中，进口商一般都希望采取优惠灵活的非信用证支付方式，例如，承兑交单（托收）、记账赊销等。但对出口商而言，存在资金占压、货款追不回的风险。对于此，出现了集信用管理、资金融通和结汇为一体的国际保理业务，又称承购应收账款业务，指在使用托收、赊销等非信用证方式结算货款时，保理商向出口商提供的一项集买方资信调查、应收款管理、追账、贸易融资及信用管理于一体的综合性现代金融服务。国际保理业务的程序，简单而言，就是在采用商业信用支付方式的出口业务上，将相关单据交保理商，出口商无追索获得全部或大部分货款，保理商获得向进口商索款权利。

对出口商而言，国际保理业务的优点最主要的是起到贸易融资的作用，加速资金流转，使出口商能够采用赊销这种方式来促进出口，开拓国际市场。其次，由于保理商对进口商的应收账款提供坏账担保，这样就减轻和避免了出口商由于呆账、坏账所引起的损失。另外，为出口商提供资信报告，对进口商核定合理的信用额度，进行账户管理，有利于出口商降低经营成本，集中精力进行生产和销售。

第三节   进口合同的履行

在不同贸易术语条件下，买卖双方的权利义务不同。以FOB合同为例，进口合同的履行主要包括：开立信用证或办理其他付款手续；租船订舱及委托运输；投保；审单付汇；报关验收。

一、开立信用证

进口合同签订后，按照合同规定向银行申请开证。开证申请书的内容，应与合同条款一致，例如品质、规格、数量、价格、交货期、装货期、装运条件及装运单据等，应以合同为依据列明。信用证的开证时间，应按合同规定办理，如合同规定在卖方确定交货期后开证，买方应在接到卖方上述通知后开证。对方收到信用证后，如提出修改信用证的请求，经买方同意后，即可向开证银行办理改证手续；如不同意修改，也应及时通知卖方。信用证经修改后，开证行即不可撤销地受该修改的约束，买卖双方也应按修改后的信用证规定办理。

二、租船订舱及委托运输

按FOB术语成交的进口合同，货物采用海洋运输，应由买方负责租船订舱工作。租船订舱工作可委托对外贸易运输公司办理，也可直接由远洋运输公司或其他运输机构办理。在办妥租船订舱手续后，应按规定的期限将船名、船期及时通知对方，以便对方备货装船。

三、投保

在FOB或CFR交货条件下的进口合同，保险由买方办理。主要有逐笔投保和预约保险两种投保方式。逐笔投保是由被保险人一笔一笔地向保险人申请保险，保险人按照每笔业务估计风险，确定费率。预约保险是签订预约保险合同，对保险险别、费率等都统一规定。以保险公司收到装船通知为保险合同生效条件。我国外贸企业为了防止漏保和延误投保，也为了简化手续，大都采用预约保险做法，即由我外贸企业与保险公司事先签订各种不同运输方式的进口预约保险合同，又称预约保单。按照预约保险合同规定，外贸企业无须逐笔填送投保单。在进口货物时，只需将国外客户的装运通知送交保险公司，即为办理了投保手续，保险公司对该批货物自动承担承保责任。对于不经常有货物进口的单位，也可逐笔办理投保。

四、审单付汇

审单主要是核对内容和份数。发现单证不符，做出适当处理，例如，停止对外付款；相符部分付款，不符部分拒付；货到检验合格后付款；凭保议付；要求修改单据；付款但保留索赔权等。

五、报关验收

进口报关是指进口货物的收货人或其代理人按照地区海关法令规定，向海关交验有关证件，办理进口货物的申报手续。进口货的收货人或其代理人待货物抵达卸货港后，即应填具"进口货物报关单"向海关申报，并随附商业发票、提单、保险单、进口货物、许可证和地区规定的其他批准文件。如属法定检验的进口货物，还须附货物检验证书。

（一）进口申报

进口货物的收货人或其代理人依照《中华人民共和国海关法》以及有关法律、行政法规和规章的要求，在规定的期限、地点，采用电子数据报关单和纸质报关单形式，向海关报告实际进口货物的情况，并接受海关审核的行为。进口货物的收货人应当自运输工具申报进境之日起十四日内，出口货物的发货人除海关特准的外应当在货物运抵海关监管区后、装货的二十四小时以前向海关申报。逾期申报，海关征收滞报金。申报单证包括合同、发票、装箱清单、提单、代理报关授权委托协议、许可证件以及其他有关单证。如属法定检验的进口货物，还须附货物检验证书。

（二）配合查验

进口商对海关的查验行为予以配合的行为。进口查验是海关为确定进口货物收货人向海关申报的内容与进口货物的真实情况相符，或者为确定货物的归类、价格、原产地等，依法对进口货物进行实际核查的执法行为。如进口货物经商检局检验，发现有残损短少，应凭商检局出具的证书对外索赔。进口货物运达港口卸货时，港务局要进行卸货核对。如发现短缺，应及时填制"短缺报告"交由船方签认，并根据短缺情况向船方提出保留索赔权的书面声明。卸货时如发现残损，货物应存放于海关指定仓库，待保险公司会同商检局检验后做出处理。

思考题 >>>

（1）理解和区分两种情况："还盘"与"接受"中对发盘条件的变更。

（2）还盘的法律后果。

（3）逾期接受的法律效力如何？

（4）出口商审核信用证的主要内容有哪些？

（5）如何识别和防范信用证中的"软条款"？

（6）在出口合同履行中的备货报验环节，纺织服装生产型企业和贸易型企业的工作流程和重心有何区别？

（7）我国某服装出口企业向法国一客户发盘，后者很快回复并接受，但价格降至15美元，我方不予理睬，而是以高价卖给了其他客户，法国商人坚持合同有效。请判断合同是否有效并说明原因。

（8）我国某服装出口企业向美国一客户发盘，后者很快回复并接受，但要求提供产地证明，我方不予理睬，而是以高价卖给了其他客户，商人坚持合同有效。请判断合同是否有效并说明原因。

（9）中国A公司于2020年7月16日收到巴黎B公司发盘："女上装5000件，每件54美元CFR中国口岸，8月装运，即期信用证支付，限20日复到有效"。我方于17日复电："若单价为50美元CFR中国口岸可接受5000件女上装，履约中如有争议在中国仲裁。"B公司复电："市场坚挺，价格不能减，仲裁条件可接受，速复。"此时该类货物国际市场价格趋涨。我方于19日复电"接受你16日发盘，信用证已由中国银行开出，请确认。"但法商未确认并退回信用证。请判断合同是否成立，我方有无失误。

13

进出口商品
检验与争议的
预防、处理

国际贸易中存在着商品运输的时间间隔长、地理跨度大的特点，这往往导致商品在运输过程中出现残损、短少或丢失的情况，容易导致买卖双方对交易商品的品质、数量等问题产生争议。进出口商品检验能够帮助查明货损原因，确定责任归属，利于商品的交接和交易的达成。本章主要介绍进出口商品检验的含义、作用及检验条款。检验条款的核心内容为检验权的规定，也即是检验时间、地点的规定。

此外，国际贸易中还存在着各种贸易争议，包括贸易主体之间的纠纷、贸易主体与本国或外国政府之间的纠纷，以及贸易主体所在国之间的纠纷。为了预防、减少这些纠纷和依约处理合同争议，在国际货物买卖合同中，有必要事先约定异议与索赔条款、违约金条款、定金条款、仲裁条款、不可抗力条款。

第一节　进出口商品检验

一、进出口商品检验的含义及作用

（一）进出口商品检验的含义

检验机构对进出口商品的品质、数量、包装、卫生、装运条件以及对涉及人类健康安全、动植物生命和健康保护、欺诈行为防止、国家安全维护等项检验内容进行检验、鉴定和监督管理。

（二）进出口商品检验的作用

（1）有关商品检验权的规定直接关系买卖双方在货物交接方面的权利与义务。

（2）某些进出口商品的检验工作还直接关系人类的健康安全、动植物的生命和健康的保护、环境保护、欺诈行为的防止、国家安全的维护以及生产、建设的顺利进行。

《中华人民共和国进出口商品检验法》（2021年修订版）第五条规定：列入目录的进出口商品，由商检机构实施检验。前款规定的进口商品未经检验的，不准销售、使用；前款规定的出口商品未经检验合格的，不准出口。英国《1893年货物买卖法案》第34条规定：买方在卖方交货前应有合理的机会验货。《公约》第三十八条规定：买方必须在按情况实际可行的最短时间内检验货物或由他人检验货物。

（三）检验权

检验权是指买方或卖方有权对所交易的货物进行检验，其检验结果即作为交付与接收货物的依据。合同中的商品检验一般规定买方在接受货物之前享有对所购买的货物进行检验的权利。但在一定条件下，买方对货物的检验权丧失，例如，买卖双方另有约定，买方未合理利用机会检验货物，合同中的检验条款规定以卖方的检验为准。

二、检验条款

在买卖合同中对商品检验有关问题做出明确具体的规定，就是合同中的检验条款。

（一）检验条款的主要内容

检验条款的主要内容包括：检验的时间和地点（即检验权的规定）、检验机构、检验证书、检验所依据的标准、货物与合同规定不符时买方索赔的时限。有些合同把商品检验条款与索赔条款放在一起，合称商品检验索赔条款。

订立进出口商品检验条款的注意事项：

（1）品质条款应定得明确、具体，不能含糊其词、模棱两可，不然会致使检验工作失去确切依据而无法进行，或只能按照不利于出口人的最严格的质量标准检验。

（2）凡以地名、牌名、商标表示品质时，卖方所交合同货物既要符合传统优质的要求，又要有确切的质量指标说明，为检验提供依据。

（3）出口商品的抽样、检验方法，一般均按中国的有关标准规定和商检部门统一规定的方法办理，如买方要求使用其抽样、检验方法时，应在合同中具体定明。

（4）对于一些规格复杂的商品和机器设备等进口合同，应根据商品的不同特点，在条款中加列一些特殊规定，如详细具体的检验标准，考核及测试方法，产品所使用的材料及其质量标准，样品及技术说明书等。

（二）商品检验机构

商品检验机构是指根据客户的委托或有关法律、法规的规定对进出境商品进行检验、鉴定或监督管理的机构。国际商品检验机构常被称为"公证行""实验室"或"宣誓衡量人"，例如，美国食品药物管理局、美国保险人实验室、瑞士日内瓦通用公证行。我国的商品检验机构指国家市场监督管理总局及设在省、自治区、直辖市以及进出口商品的口岸、集散地的出入境检验检疫局及其分支机构。

我国对进出口商品实施检验的范围：

（1）列入"商检机构实施检验的进出口商品种类表"的商品。

（2）《中华人民共和国食品卫生法》《中华人民共和国进出口动植物检疫法》中规定的商品。

（3）对船舶、集装箱等运载工具的检验。

（4）对出口危险品的包装检验。

（5）对外贸合同规定的由商检机构检验的商品。

国家市场监督管理总局在《出入境检验检疫机构实施检验检疫的进出境商品目录（2009年）》中对法检商品进行了调整。其中，涉及纺织服装的，将部分初级纺织品调出该目录，将婴幼儿及儿童服装、衬衣睡衣泳衣调入该目录或增补进（出）境检验检疫监管。

（三）检验的时间和地点

确定检验的时间和地点，实际上就是确定买卖双方中的哪一方行使对货物的检验权，也就是确定检验结果以哪一方提供的检验证书为准，是检验条款的核心。在实际业务中，检验时间和地点的规定要综合考虑贸易术语、商品的特性、检测手段、行业惯例、进出口国的法律法规。检验的时间和地点主要有以下几种规定方法。

1.在出口国检验

（1）产地或工厂检验。

（2）装船前或装船时检验，又称"装运港（地）检验""离岸品质、离岸重量"。否定买方的复验权，对买方不利。

2.在进口国检验

（1）目的港（地）卸货后检验，又称"到岸品质、到岸重量"。

（2）目的港（地）买方营业处所或最终用户所在地检验，卖方承担到货品质、重量等检验内容的责任，对卖方不利。

3.在出口国检验、在进口国复验

复验是指买方收到货物后有复验权。复验期限的长短，应视商品的性质和港口情况而定。复验机构、复验地点均应在合同中规定。复验机构以卖方认可的为宜。复验方法一般与检验方法相同。如复验地点合同未约定，则按贸易惯例和各国法律规定，我国对进口商品复验地点的规定是：一般商品在口岸或集中存储地点进行；成套设备、机电仪器，在收货、用货地点；集装箱运输的货物，在拆箱地点。

这种检验规定兼顾了买卖双方的利益，是较为公平、较为常见的一种方法。适用于采用FOB、CFR、CIF贸易术语的贸易合同，这些贸易术语都是在装运港交货，货物装船后风险转移给买方，都具有象征性交货的性质。

4.装运港检验重量、目的港检验品质

在大宗商品交易中，为了调和交易双方在检验问题上的矛盾，采取了一种折中的办法，以装运港的检验机构检验货物的重量，并出具重量证明作为最后依据，以目的港的检验机构检验货物品质，并出具品质证明作为最后依据，又称为"离岸重量、到岸品质"。

（四）检验证书

1.检验证书的含义

检验证书是由商检机构出具的证明商品品质、数量等是否符合特定标准或合同要求的书面文件，是买卖双方交接货物并据以索赔的重要法律文件。签发时间不迟于运输单据签发日期。

2.检验证书的作用

检验证书的作用广泛，是货物与合同相符的依据；海关放行依据；办理货款结算依据；明确责任归属，办理索赔和理赔的依据；在仲裁、司法诉讼中作为解决争端的依据；计算关税的依据，例如重量、数量证书、残损证书、原产地证明书；计算运输、仓储等费用的依据等。

　　3.检验证书的主要种类

　　（1）品质检验证书。出口商品交货结汇和进口商品结算索赔的有效凭证；法定检验商品的证书，进出口商品报关、输出输入的合法凭证。商检机构签发的放行单和在报关单上加盖的放行章有与商检证书同等通关效力；签发的检验情况通知单同为商检证书性质。

　　（2）重量或数量检验证书。出口商品交货结汇、签发提单和进口商品结算索赔的有效凭证；出口商品的重量证书，也是国外报关征税和计算运费、装卸费用的证件。

　　（3）残损检验证书。证明进口商品残损情况的证件。适用于进口商品发生残、短、渍、毁等情况；可作为收货人向发货人或承运人或保险人等有关责任方索赔的有效证件。

　　（4）卫生检验证书。也称健康检验证书，是证明可供人类食用的出口动物产品、食品等经过卫生检验或检疫合格的证件。适用于肠衣、罐头、冻鱼、冻虾、食品、蛋品、乳制品、蜂蜜等，是对外交货、银行结汇和通关验放的有效证件。

　　（5）消毒检验证书。证明出口动物产品经过消毒处理，保证安全卫生的证件。适用于猪鬃、马尾、皮张、山羊毛、羽毛、人发等商品，是对外交货、银行结汇和国外通关验放的有效凭证。

　　（6）价值证明书。作为进口国管理外汇和征收关税的凭证。在发票上签盖商检机构的价值证明章与价值证明书具有同等效力。

　　（7）兽医检验证书。证明出口动物产品或食品经过检疫合格的证件。适用于冻畜肉、冻禽、禽畜罐头、冻兔、皮张、毛类、绒类、猪鬃、肠衣等出口商品。是对外交货、银行结汇和进口国通关的重要证件。

　　（8）货载衡量检验证书。证明进出口商品的重量、体积吨位的证件。同时亦可作为计算运费和制订配载计划的依据。

　　（9）生丝品级及公量检验证书。出口生丝的专用证书。其作用相当于品质检验证书和重量／数量检验证书。

　　（10）产地证明书。产地证明书是证明商品原产地，即货物的生产或制造地的一种证明文件；是商品进入国际贸易领域的"经济国籍"，是进口国对货物确定税率待遇，进行贸易统计，实行数量限制（如配额、许可证等）和控制从特定国家进口（如反倾销税、反补贴税）的主要依据之一。原产地证明书主要有普惠制原产地证明书和一般原产地证明书等。

　　（五）检验标准

　　国际上对检验标准的分类：

　　（1）对买卖双方具有法律约束力的标准，例如合同、信用证。

　　（2）贸易有关国家所制定的强制执行的法规标准。

　　（3）国际权威性标准，包括国际专业化组织所制定的检验标准、区域性标准化组织标准

（即某国权威标准）。

我国根据《中华人民共和国标准化法》《中华人民共和国标准化法实施条例》将标准分为国家标准、行业标准、地方标准和企业标准。

关于标准与技术性贸易壁垒的关系，并非所有成员的所有技术性措施都是以国际标准为基础；即使采用国际标准，在时间和程度上都有差异，所有成员在复杂的技术细节上保持一致是不现实的；各成员合格评定程序的差异造成的重复检验、重复认证使出口商不堪重负，成为国际贸易中的技术性壁垒。

三、我国进出口商品的检验

（一）检验标准和方法

标准包括与贸易相关国标准、国际通用标准以及买卖双方在合同中规定的标准；方法由我国检验机构决定，一般用抽查的方法。

（二）检验依据

（1）贸易合同规定的检验标准。

（2）国家法律、行政法规。

（3）生产国标准。

（4）国际标准或国家商检部门指定标准。

（三）我国商检的检验程序

（1）出口商品检验程序：报验、抽样、检验、签证或放行。

（2）进口商品的检验程序：登记与报验、检验和出证。

（四）我国进出口商品检验法

《中华人民共和国进出口商品检验法》于1989年2月21日第七届全国人民代表大会常务委员会第六次会议通过，1989年2月21日中华人民共和国主席令第14号公布，历经五次修正。最新的修正为2021年。其包含六部分内容：总则、进口商品检验、出口商品检验、监督管理、法律责任、附则。

第二节　异议与索赔

一、异议与索赔的原因、意义

（一）索赔条款的意义

国际货物贸易情况复杂多变，合同一方当事人违约或毁约，会给另一方当事人造成损害。因此，在国际货物买卖合同中，通常都应订立异议与索赔条款。一方面有利于促使合同当事人认真履约，另一方面便于依约处理合同争议。

（二）引起索赔的原因

索赔与理赔是一个问题的两个方面，在受害方是索赔，在违约方是理赔。交易中双方引起争议的原因很多，大致可归纳为以下三种情况。

1.卖方违约

不按合同的交货期交货，或不交货，或所交货物的品质、规格、数量、包装等与合同（或信用证）规定不符，或所提供的货运单据种类不齐，份数不足等。

2.买方违约

在按信用证支付方式条件下不按期开证或不开证；不按合同规定付款赎单，无理拒收货物。

3.买卖双方均负有违约责任

如合同条款规定不明确，致使双方理解或解释不统一，造成一方违约，引起纠纷；或在履约中，双方均有违约行为。

不同法律对违约行为有不同的解释。英国的法律依违约的内容不同，把违约分为"违反要件"和"违反担保"；美国的法律根据违约造成的后果，把违约分为"严重违约"和"轻微违约"；《公约》则按违约的性质差异，把违约分为"根本性违约"和"非根本性违约"。尽管各国法律对违约的分类标准和提法不同，但对违约所带来的法律后果的划分却基本相同。一般把违约的后果分为两种情况：只有在"根本性违约""严重违约"或"违反要件"的情况下，受损害方才有权提出解除合同，并要求损害赔偿；而在"非根本性违约""轻微违约"或"违反担保"的情况下，受损害方只能要求损害赔偿，不能要求解除合同。《中华人民共和国合同法》对违约及其法律后果也做了类似上述的规定。

（三）合同中的索赔条款

进出口合同中的索赔条款有两种规定方式，一种是异议和索赔条款，另一种是罚金条款，也称"违约金条款"。在一般买卖合同中，多数只订立异议和索赔条款，主要是针对卖方交货的品质、数量等方面的违约行为。只有在买卖大宗商品和机械设备一类商品的合同中，除了定明异议与索赔条款外再另定罚金条款。罚金条款一般适用于卖方延期交货，或者买方迟延开立信用证或延期接货等情形。

二、异议与索赔条款的内容

异议与索赔条款的内容，除规定一方违反合同，另一方有权索赔外，还包括索赔依据、索赔期限、索赔办法和赔付金额等项。

（一）索赔依据

异议与索赔条款一般规定：货到目的地卸货后，若发现交货品质、数量或重量与合同规定不符，除由保险公司或承运人负责外，买方应凭双方约定的某商检机构出具的检验证明向卖方提出异议与索赔。

（二）索赔期限

索赔期限有法定索赔期限和约定索赔期限两种。法定索赔期限指有关法律、法规规定的受损害方向违约方提出索赔的最长期限。《中华人民共和国合同法》中将这一期限规定为四年；《公约》规定为自买方实际收到货物之日起两年之内。约定索赔期限是指在异议与索赔条款中，规定守约方向违约方索赔的时限，超过时限索赔，违约方可不予受理。时限的起算方法有：货到目的地后××天起算，货到目的地卸离运输工具后××天起算，货到买方营业处所或用户所在地后××天起算，货到检验后××天起算。

（三）索赔办法

在异议与索赔条款中，对守约方如何索赔、违约方如何理赔进行规定和说明。

（四）索赔金额

一般不作具体规定，待出现违约事件后，由有关方面酌情确定。索赔金额应相当于因违约所造成的损失，其中包括合同履行后可以获得的利益。

第三节　不可抗力

一、不可抗力的含义

不可抗力指合同签订后，发生了合同当事人订约时无法预见和事后不能控制的障碍，以致不能履行合同义务。英美国家的法律将不可抗力事件称为"合同落空"，大陆法通常称为"情势变迁"或"契约失效"。按照《公约》第七十九条的解释：不可抗力事件是指非当事人所能控制，而且没有理由预期他在订立合同时所能考虑到或能避免或克服它或它的后果而使其不履行合同义务的障碍。例如，国际商会于2020年发布《不可抗力及艰难情形条款2020》及相关指导文件《商业合同中不可抗力条款应当考虑的一般因素》，以帮助全球企业更好地应对一些突发的、不可抗力的事件。

二、不可抗力的规定方式

（一）不可抗力的性质与范围

不可抗力的性质与范围也即引起不可抗力事件的原因，主要包括自然力量、社会力量。自然力量引起的不可抗力如水灾、火灾、冰灾、暴风雨、大雪、地震等，社会力量引起的不可抗力如战争、罢工、政府禁令等。

对自然力量引起的灾害，国际上的解释比较一致。由于社会现象较复杂，解释有难度。因此，对于社会原因引起的意外事故，在解释上经常发生分歧。同时，不可抗力是免责条款，买卖双方倾向于扩大不可抗力的范围以减少己方的责任和义务。因此，对于不可抗力事件的认定必须慎重，例如：货物价格波动和汇率变化属于正常的贸易风险，不属于不可抗力事件。各国法律一般都允许当事人在合同中订立不可抗力条款时自行商定不可抗力的范围。

构成不可抗力的必备要素有：

（1）不以当事人意志为转移的客观现象。

（2）在签订合同时当事人所不能预见、无法避免、无法预防而不能控制的事故。

（3）事故发生及后果使合同履行的基础发生了根本性的变化，合同无法按条款履行。

（4）事故发生在合同成立之后和合同解除之前的有效期内。

（5）事故的发生和后果无法避免和克服。

（二）不可抗力的规定方法

（1）概括规定。不定明哪些现象属于不可抗力事故，只进行笼统的规定，如"由于公认的不可抗力原因"等。但双方容易对其含义产生分歧，引起争议。

（2）具体规定。在合同中规定属于不可抗力事故的现象，发生这些现象而使当事人无法履行合同或无法如期履行合同时，可以免责。还要规定应由何机构出具发生事故的证明文件。不可抗力本身的不可预见性和偶然性决定了不能穷尽和列举出所有的不可抗力事件。

（3）综合规定。列明双方已达成共识的各种不可抗力，并加上"及双方同意的其他意外事故"的文句，以便在发生合同未列明的事故时，由双方协商具体做法。

鉴于此，我国外贸合同一般对不可抗力采用综合规定方式。例如，"人力不可抗拒：如因战争、地震、水灾、火灾、暴风雨、雪灾或其他不可抗力的原因"。

三、不可抗力的法律后果及处理原则

不可抗力的基本精神和处理原则是免除当事人的责任，即免除不履行合同的责任或免除延迟履行合同的责任。解除合同是在不可抗力事故严重，使履行合同成为不可能的条件下；延期履行合同是在不可抗力事故影响不大，只在某种程度上阻碍了合同的履行的条件下。

《中华人民共和国合同法》第七章第一百一十七条规定："因不可抗力不能履行合同的，根据不可抗力的影响，部分或者全部免除责任，但法律另有规定的除外。当事人延迟履行后发生不可抗力的，不能免除责任。"

如何处理，应视事故的原因、性质、规模及其对履行合同所产生的实际影响程度。在实践中，当发生不可抗力事件时，可先推迟履行合同的期限；只有当不可抗力事件持续下去超过合同规定的期限后，才能通过双方协商，最后决定是否解除合同。

总体上，不可抗力条款是一种免责条款，在合同中订明如当事人一方因不可抗力事件不能履行合同的全部或部分义务的，免除其全部或部分的责任；不能按照合同规定的期限履行其义务的免除其迟延履行的责任，另一方当事人不得对此要求损害赔偿。

四、不可抗力的通知

按照国际惯例，当发生不可抗力影响合同履行时，当事人要取得免责的权利，必须按照约定的通知期限和通知方式及时通知另一方，并在通知中提出处理的意见。对此，《公约》第七十九条明确规定："不履行义务的一方必须将障碍及其对他履行义务能力的影响通知另一方。如果该项通知在不履行义务的一方已知道或理应知道此一障碍后一段合理时间内仍未为另一方收到，则他对由于另一方未收到通知而造成的损害应负赔偿责任。"

五、不可抗力的证明

在国际贸易中，当一方援引不可抗力要求免责时，必须向对方提交证明文件，作为发生不可抗力的证据。《中华人民共和国合同法》第七章第一百一十八条规定："当事人一方因不可抗力不能履行合同的，应当及时通知对方，以减轻可能给对方造成的损失，并应当在合理时间内提供证明。"在国外，证明文件一般由当地的商会或合法的公证机构出具。在我国，由中国国际贸易促进委员会或设在口岸的分会出具。

六、不可抗力条款的内容

不可抗力条款主要包括下列内容：对不可抗力范围的限定，规定不可抗力范围的方式，发生不可抗力事故后的处理方法，不可抗力的通知，不可抗力的证明。

援引不可抗力条款应注意：发生不可抗事故后应立即采取最有效的方式通知对方；必须有合同规定的出证机构出具证明；被通知方应及时答复，不能拖延或不予处理；防止对方援引时任意扩大或缩小不可抗力的范围。

第四节　仲裁

争议解决的方式主要有：双方当事人友好协商、通过第三者调解、提交仲裁机构仲裁、司法诉讼。在国际货物买卖中，通过仲裁解决争议，是一种主要的争议解决方式。

一、仲裁的含义

所谓仲裁，又称公断，是指买卖双方在争议发生之前或发生之后，由于不愿意诉诸法院解决，签订书面协议，自愿将争议提交双方所同意的仲裁机构予以裁决，以解决争议的一种方式。由于仲裁是依照法律所允许的仲裁程序裁定争端，因而具有法律约束力。仲裁是解决合同争议的重要方式。

仲裁的形式有两种：临时仲裁和机构仲裁。临时仲裁由双方共同指定的仲裁员组织临时仲裁庭，案件审理完毕自行解散；机构仲裁是指当事人根据仲裁协议，将争议提交给约定的某一常设仲裁机构所进行的仲裁。国际商事仲裁绝大部分采用机构仲裁。

二、仲裁解决争议的优点

采用仲裁解决争议，双方可在仲裁协议或仲裁条款中选择仲裁机构和仲裁地点；当事人可以选择适用的法律；仲裁当事人有权指定仲裁员；仲裁审理一般不公开进行；仲裁是终局的，对双方都有约束力；仲裁程序简便，结案迅速及时，仲裁费用也较低。

其优点主要是：程序简便，结案较快，费用开支较少，且能独立、公正和迅速地解决争议，给予当事人以充分的自治权；灵活性、保密性、终局性、裁决易于得到执行。

与仲裁相比，诉讼带有强制性，一方当事人向有管辖权的法院起诉，另一方当事人就必须应诉，争议双方都无权选择法官；诉讼程序复杂，处理争议比仲裁慢；诉讼处理争议，双方当事人关系比较紧张；诉讼费用较高。

三、仲裁协议及仲裁条款

（一）仲裁协议的类型

根据仲裁协议订立的时间，分为仲裁条款和把争议提交仲裁的协议书。形式虽然不同，法律作用与效力是相同的。

仲裁条款由双方在争议前订立，常以合同条款形式达成。这种方法常被使用，订立容易，节省时间。许多仲裁机构都合用标准仲裁条款，但其仅适用于合同纠纷。

争议协议书由当事人在争议发生后订立。范围可定得较广，但在纠纷发生后，双方不易达成仲裁协议，在实践中较少使用。

（二）仲裁协议的作用

（1）争议以仲裁解决，不得向法院起诉。

（2）排除法院管辖权。

（3）仲裁机构取得管辖权。

上述三项作用的中心是第二条，即排除法院对争议案件的管辖权。因此，当双方当事人不愿将争议提交法院审理时，就应在争议发生前在合同中规定仲裁条款，以免未来发生争议后，由于达不成仲裁协议而不得不诉诸法庭。

（三）仲裁协议的效力

仲裁协议与其他条款分离地、独立地存在。合同的变更、解除、终止、失效或无效以及存在与否，均不影响仲裁条款或仲裁协议的效力。我国法律对有效的仲裁协议的规定：请求仲裁的意思表示、选定的仲裁委员会、约定的仲裁事项；必须书面的；当事人具有签订仲裁协议的行为能力；形式和内容合法。

（四）仲裁条款的内容

1.仲裁地点

仲裁地点与仲裁所适用的法律密切相关。凡属程序方面的问题，除非仲裁条款另有规定，一般都适用审判地法律，即适用仲裁地所在国的仲裁法规。通常有三种规定方法：本国、对方国家或第三国。

2.仲裁机构

仲裁机构包括常设机构和临时组成的仲裁庭。我国常设的涉外仲裁机构有中国国际经济贸易仲裁委员会及中国海事仲裁委员会。国际上的常设机构有国际商会仲裁院、英国伦敦仲裁院、瑞典斯德哥尔摩商会仲裁院、瑞士苏黎世商会仲裁院、美国仲裁协会、日本商事仲裁协会等。

3.仲裁规则

仲裁规则指规范仲裁进行的具体程序及此程序中相应的仲裁法律关系的规则。一般情况下，仲裁适用所在地的仲裁规则。

4.仲裁裁决的效力

仲裁裁决的效力是终局性的，如向法院提出异议，仅限于程序方面。

5.费用承担

通常在仲裁条款中明确规定仲裁费用由哪一方负担。一般规定由败诉方承担，也有的规定为由仲裁庭酌情决定。

仲裁条款的内容和形式可参考中国国际经济贸易仲裁委员会向中外当事人推荐的示范仲裁条款：

"凡因本合同引起的或与本合同有关的任何争议，均应提交中国国际经济贸易仲裁委员会（贸仲），按照申请仲裁时贸仲有效的仲裁规则进行仲裁。仲裁裁决是终局的，对双方均有约束力。"

"凡因本合同引起的或与本合同有关的任何争议，均应提交中国国际经济贸易仲裁委员会（贸仲）＿＿＿＿＿＿分会／仲裁中心，按照仲裁申请时贸仲有效的仲裁规则进行仲裁。仲裁裁决是终局的，对双方均有约束力。"

约定仲裁条款须注意：仲裁条款一定要具体，选择合适的仲裁地点，择优选择适当的仲裁机构，合理约定仲裁费的负担。

（五）仲裁程序

主要包括提出仲裁申请、组织仲裁院、审理案件、作出裁决、仲裁裁决的承认和执行几个环节和步骤。其中，审理案件包括开庭审理、调解、收集证据、保全措施的裁定几个环节。我国仲裁机构首创了"调解与仲裁相结合"的做法。

四、仲裁员的职业道德

仲裁员是指在仲裁案件中对当事人的争议进行评判并作出裁决的居中裁判者。仲裁员可进行庭审调查，可以向当事人、有关单位和公民个人核查案件事实、收集案件证据，组织调解，并对案件提出裁决意见等。

（一）中国仲裁员资格的规定

我国对仲裁员的任职资格，主要是从品德条件和专业条件两方面进行规定。

（1）品德条件。做事公道，作风正派。

（2）专业条件。我国仲裁法规定满足下列专业条件之一：从事仲裁工作满8年的；从事律师工作满8年的；曾任审判员满8年的；从事法律研究、教学工作并具有高级职称的；具有法律知识，从事经济贸易等专业工作具有高级职称或具有同等专业水平的。

（二）仲裁员的责任

通常指仲裁员是否对其在仲裁过程中实施的故意或过失行为而给当事人造成的损失承担民事责任。

1.承担民事责任的来源

民事责任主要来源于当事人施加的责任，契约、合同赋予的责任，以及道德责任、法律责任。

2.承担民事责任的根据

仲裁员在仲裁过程中实施的故意或过失行为而给当事人的损失到底要求何种责任，目前尚未定论。而在立法、司法和仲裁实践，仲裁法学理论中，各国以及各仲裁机构具有不同或不完全相同的做法。主要观点有：仲裁员承担责任论、仲裁员责任豁免论和有限的仲裁员责任豁免论。

（1）仲裁员承担责任论。其承担责任的理论依据为契约学说，承担专业小心责任和公正责任。仲裁员承担了解决争议的服务，当事人为其服务支付费用，实际上形成了契约的关系，具有合同性；仲裁行为是一种专业行为，仲裁员如同医生、建筑师、设计师、审计师和工程师等专业人员，如在履行其职责时，因疏忽或专业业务的水平、责任心等给当事人造成损失，则要承担民事责任，即专业小心责任；如不公正、不平等履行职责，甚至有欺诈和滥用职权、受贿，则应承担公正行为责任。

（2）仲裁员责任豁免论。仲裁员在仲裁过程中因其过失或其他情况而导致的不公正裁决及给一方带来的损失不承担个人民事责任。其原因和根据为：来源于法官的"司法豁免论"，仲裁员履行的是一种准司法职能；实行豁免，可保持仲裁程序的完整性；国家政策鼓励仲裁，豁免有利于国家政策的实施；仲裁员面临承担责任的风险，将失去一些有能力的仲裁员；动摇仲裁员的公正决心和意志，造成仲裁质量下降，蒙受损失，因而主张豁免。为了维护当事人合法权益，在仲裁员和当事人之间实现权力平衡，一般都规定了当事人可以援用的权利救济措施。

（3）有限的仲裁员责任豁免论。是仲裁员责任论和豁免论的折中观点，兼收并蓄二者之长，即仲裁过程中仲裁员造成的过失，仲裁员在一定范围内可以享受豁免，超出该范围则不能免除其责任。不能豁免、应承担民事责任的仲裁有：无效仲裁员及仲裁协议的仲裁；应该回避而不回避的仲裁；不遵守仲裁规则的仲裁；不完成仲裁任务，半途而废退出仲裁；不在规定时间（期限）做出仲裁；仲裁过程中，仲裁员有受贿行为，给另一方造成损失；违反保密协议，当事人商业活动受到影响等损害。

我国仲裁法及其相关法律和仲裁规则规定仲裁员在发生下列情况时应承担法律责任，同时还要接受仲裁委员会的除名处分：属于《中华人民共和国仲裁法》第三十四条第四项规定的情形，且情形严重的，即私自会见当事人、代理人，或者接受当事人、代理人的请客送礼且情节严重的；有《中华人民共和国仲裁法》第五十八条第六项规定的情形的，即仲裁员在仲裁该案时有索贿受贿、徇私舞弊，枉法裁决行为的。有上述两种情形的仲裁员，既要接受被仲裁委员会除名的内部纪律处分，又要承担相应的民事、刑事法律责任。

思考题　　　　　　　　　　　　　　　　　　　　　　　>>>

（1）进出口商品检验的检验时间与地点有哪几种规定方法？

（2）进出口商品检验与技术壁垒、环境壁垒的关系。

（3）普惠制原产地证明书的作用。

（4）纺织品服装类产品纳入我国出口商品法定检验范围的调整和变化。

（5）我某进口企业按FOB条件向欧洲某厂商订购一批纺织材料。当我方派船前往西欧指定港口接货时，正值埃及与以色列发生战争，埃及被迫关闭苏伊士运河。我所派轮船只得绕道南非好望角航行，由于绕道而增加航程，致使船只延迟到达装货港口。欧洲厂商要求我方赔偿因接货船只迟到而造成的舱租和利息，我方拒绝了对方要求，因此引起争议。

问题：请问欧洲厂商的要求是否合理？为什么？

（6）某年，我国A公司与美国B公司成交棉纱1000吨，每吨CFR London 3000美元，总金额为300万美元，交货期为当年5~9月。签约后，B公司购货地发生水灾，于是B公司以不可抗力为由，要求免除交货责任。

问题：B公司要求以不可抗力免除交货的理由是否充分？

（7）仲裁管辖权案例：

2018年国内A公司向美国B公司出口女上装，B公司收货后未按期支付货款。由于投保了出口信用保险，A公司在多次催促无果的情况下向中国出口信用保险公司报告了可能损失，并委托其进行海外追讨。经中国出口信用保险公司调查追讨发现，A公司与B公司存在贸易纠纷。由于双方在贸易合同中约定"本合同项下的一切争议，应提交中国国际贸易仲裁委员会仲裁"，A公司于2019年1月向中国国际贸易仲裁委员会（以下简称"仲裁委"）提起仲裁。

B公司在收到仲裁庭的开庭通知后提出了管辖异议，并派代表参加了仲裁庭审理管辖异议的开庭活动。值得注意的是，B公司向仲裁庭提供的贸易合同与A公司提供的合同为不同版本，该版本显示，仲裁条款中的"中国国际贸易仲裁委员会"字样被划去，而在原位置手写了"美国仲裁协会"字样。此外，卖方签字栏内增加了一个A公司授权代表的签字，并注明了时间，该时间晚于A公司提供的合同的签署时间。B公司据此主张双方已对合同进行了更改，重新选择美国仲裁协会为仲裁机构，仲裁委对争议没有管辖权；而A公司则坚决主张从未同意选择美国仲裁协会为仲裁机构，B公司提供的合同中的签字不实，仲裁委对案件有管辖权。

为查明事实，仲裁委将该证据提交某法院司法鉴定中心进行鉴定。鉴定结果确认B公司提供的合同签字栏中增加的A公司授权代表的签字与原签字为同一人所写。2021年1月，仲裁委最终认定其对该案没有管辖权，并做出了撤案决定。

该仲裁管辖的争议审理时间长达2年，仲裁期间A公司曾多次派员赴北京出庭，并向仲裁庭支付了部分仲裁费以及仲裁员出庭费用。投入了大量的人力和物力，却没能使其债权通过仲裁得到确认，A公司对仲裁庭做出的决定感到难以接受，认为仲裁委做出撤案决定没有依据。

问题：

①仲裁庭做出撤案的法律依据是什么？

②仲裁机构的管辖权如何确定？

参考文献

［1］黎孝先，王健.国际贸易实务［M］.7版.北京：对外经济贸易大学出版社，2020.

［2］袁建新.国际贸易实务［M］.5版.上海：复旦大学出版社，2020.

［3］海闻，P.林德特，王新奎.国际贸易［M］.上海：格致出版社，2012.

［4］陈学军，李雅晶.服装国际贸易概论［M］.3版.北京：中国纺织出版社有限公司，2019.

［5］薛荣久.国际贸易［M］.7版.北京：对外经济贸易大学出版社，2020.

［6］陈宪，张鸿.国际贸易——理论·政策·案例［M］.3版.上海：上海财经大学出版社，
　　2012.

［7］中国纺织工业联合会.2019/2020中国纺织工业发展报告［M］.北京：中国纺织出版社
　　有限公司，2020.

［8］中国纺织工业联合会.2020/2021中国纺织工业发展报告［M］.北京：中国纺织出版社
　　有限公司，2021.

［9］中国纺织工业联合会.2021/2022中国纺织工业发展报告［M］.北京：中国纺织出版社
　　有限公司，2022.

［10］中国纺织工业联合会.2022/2023中国纺织工业发展报告［M］.北京：中国纺织出版社
　　有限公司，2023.

［11］中国国际商会，国际商会中国国家委员会.国际贸易术语解释通则2020［M］.北京：对
　　外经济贸易大学出版社，2019.

［12］海伦·戈沃瑞克.时尚买手［M］.甘治昕，弓卫平，译.北京：中国纺织出版社，2009.

［13］刘健西.贸易自由化进程中的农产品贸易壁垒：演进与发展［J］.农村经济，2019（8）：
　　111-118.

［14］方澜，王莉.产业集群演化过程中的形态分类研究——以中国纺织产业为例［J］.江苏
　　社会科学，2009（1）：61-66.

［15］赵永霞，刘凯琳，张荫楠.世界纺织版图与产业发展新格局（四）［J］.纺织导报，2020
　　（1）：25-42，44，46-47.

［16］赵永霞.世界纺织版图与产业发展新格局（五）——越南篇［J］.纺织导报，2020（2）：
　　35-43.

［17］黄岩，巫芊桦.增长的陷阱："一带一路"倡议背景下孟加拉纺织服装业的机遇与挑战

［J］. 对外经贸实务，2019（2）：17–20.

［18］陈楠. 孟加拉国纺织业投资指南［J］. 纺织科学研究，2020（2）：37–40.

［19］赵颖. 越南纺织业投资指南［J］. 纺织科学研究，2020（5）：37–41.

［20］凌敬淇. 论20世纪70年代意大利时装产业SMEs集群现象的成因及优势——以普拉托羊毛纺织工业区为例［J］. 服装设计师，2022（7）：28–35.

［21］江影，钱婧曦. 以职业需求为导向的时尚买手课程群建设［J］. 纺织服装教育，2018，33（3）：212–214.

［22］黄紫薇，施新芽. 品牌服装买手模式分析［J］. 浙江理工大学学报，2015，34（4）：142–147.

［23］李静. 时尚买手课程多元混合人才培养模式创新［J］. 轻纺工业与技术，2021，50（6）：167–170.

［24］何江，钱慧敏. 我国跨境电子商务发展研究：回顾与展望［J］. 科技管理研究，2017（17）：213–220.

［25］白光裕，王印琪，梁明. 我国贸易新业态新模式发展存在的问题及对策研究［J］. 国际贸易，2021（9）：31–37.

［26］李兴鹏. 跨境电商中个人信息保护的制度构建与完善——评《跨境电子商务法律问题研究》［J］. 科技管理研究，2022，42（7）：244.

［27］董战山，谭伟，刘琳，等. 跨境电商相关税收政策国际比较研究［J］. 国际税收，2022（7）：58–67.

［28］上海社会科学院经济研究所课题组，石良平，汤蕴. 中国跨境电子商务发展及政府监管问题研究——以小额跨境网购为例［J］. 上海经济研究，2014（9）：3–18.

［29］戴运帆. 中国服饰企业买手运营模式研究［D］. 北京：北京服装学院，2016.

［30］周媛. 服装时尚买手研究——买手视野中的消费心理与流行［D］. 苏州：苏州大学，2018.

［31］于昕. 基于非快时尚服饰品牌的买手模式研究［D］. 长春：吉林大学，2014.

［32］春杰. 基于决策过程的买手能力需求研究［D］. 上海：东华大学，2022.

［33］刘安. 中国时尚买手品牌研究［D］. 北京：北京服装学院，2010.